GÜTERSLOHER
VERLAGSHAUS

Gütersloher Verlagshaus. Dem Leben vertrauen

Roselies Taube Hella Thomas Susanne Witschkowski

Gottesdienste, Andachten und Gruppenarbeiten zu den Mystikerinnen des Mittelalters

Ein blühender Garten, an dem Gott sich erfreut

Gütersloher Verlagshaus

Bibliografische Information der Deutschen Nationalbibliothek

Die Deutsche Nationalbibliothek verzeichnet diese Publikation in der Deutschen Nationalbibliografie; detaillierte bibliografische Daten sind im Internet über http://dnb.d-nb.de abrufbar.

Für freundlich erteilte Abdruckgenehmigungen danken wir allen Autorinnen, Autoren und Verlagen. Trotz intensiver Bemühungen war es leider nicht bei allen Texten möglich, den/die Rechtsinhaber/in ausfindig zu machen. Für Hinweise sind wir dankbar. Rechtsansprüche bleiben gewahrt.

FSC
www.fsc.org
MIX
Papier aus verantwortungsvollen Quellen
FSC® C005833

Verlagsgruppe Random House FSC-DEU-0100
Das für dieses Buch verwendete FSC-zertifizierte Papier *Munken Premium Cream* liefert Arctic Paper Munkedals AB, Schweden.

1. Auflage

Umschlagmotiv: Heilige Teresa von Avila, © der Vorlage: Album/Oronoz/akg-images, Berlin. Blütenrankenhintergrund (Cover/Innenteil): © Tolchik – Fotolia.com
Druck und Einband: Těšínská tiskárna, a.s., Český Těšín
Printed in Czech Republic
ISBN 978-3-579-05944-0

www.gtvh.de

Inhaltsverzeichnis

Vorwort

Immer noch stehen sie verklärt auf ihren Heiligenpodesten. Immer noch befremden sie uns auf Gemälden mit ihren ekstatischen Posen, die Mystikerinnen des Mittelalters. Würdigungen dieser oft in den Seligen- oder Heiligenstand versetzten Frauen verschweigen nicht selten ihren »Biss« gegen Kirche und Gesellschaft, glätten ihre Ecken und Kanten. Daran hat eine Wende Ende der sechziger Jahre nur kurzfristig etwas geändert. Damals erschienen zahlreiche wissenschaftliche und allgemeinverständliche Werke. Biografien und Textsammlungen fanden sich auf dem Büchermarkt. Akademien und Seminare nahmen sich des Themas an. Doch das schnelllebige Publikationsgeschäft verdrängte sie wieder. Nur Hildegard von Bingen (1098 – 1179) – vereinnahmt von den unterschiedlichsten Interessenkreisen – gilt auf breiterer Basis nach wie vor die Aufmerksamkeit.

Es wäre schade, wenn wir die Mystikerinnen des Mittelalters wieder allein »durch die historische Erinnerung geistern ließen«. Denn gerade in der Mystik des Mittelalters liegen Schätze für uns verborgen. Es ist erstaunlich, wie oft die »religiösen Frauen« geradezu aktuell in unsere Gegenwart hineinsprechen. Ihre Spiritualität vermag uns auf abenteuerliche Entdeckungsreisen in unsere »Seele« zu verlocken. Ihre oft harte Kritik an der Kirche und gesellschaftlichen Zuständen, aber auch an individueller Trägheit und Bequemlichkeit, rüttelt auf, weckt Engagement. Ihre Stimmen mischen sich ein in unsere Auseinandersetzungen und Diskussionen besonders in Frauengruppen – wie etwa bei der Kreuzestheologie. Unbequeme Themen halten sie bereit: Veränderung des Lebensstils oder das Alleinsein, vor dem so viele Menschen heute fliehen.

Dabei kommen sie nicht elitär daher. Bei einer entsprechenden und ansprechenden Aufbereitung sind Gottesdienste und allgemeinverständliche Veranstaltungen in Gemeinden mit großem Gewinn durchführbar. Wir drei als Autorinnen dieses Buches haben es als hilfreich empfunden, die Planungen zu dritt durchzuführen. Mit kurzen Szenen oder Dialogen etwa lässt sich auf diese Weise lebendiger arbeiten. Aber nicht immer ist die Vorbereitung oder Umsetzung zu mehreren zwingend nötig. Es gelingt oft auch, jemanden für nur einen Teilbereich zur Mithilfe zu gewinnen.

»Ich bin erstaunt, wie praktisch und konkret sich die Mystikerinnen oft äußern.« – »Ich finde ihren Mut einfach ansteckend. Wir laufen schon weg, wenn es mal ein bisschen ungemütlich wird. Dabei haben wir doch nun wirklich nicht so viel zu verlieren. Was haben die Frauen von damals dagegen riskiert!« Diese Statements nach Gottesdiensten und Gruppenveranstaltungen zeigen, wie Frauenmystik den Bogen schlägt vom Alltag bis hin zu exponierten Situationen.

Mystik ist eingebettet in die große Strömung, die wir als »die religiöse Frauenbewegung des Mittelalters« bezeichnen. Frauen äußerten sich in dieser Epoche auffallend oft zu theologisch-kirchlichen Fragen. Sie suchten Kirche mitzugestalten. Sie brachten sich ein mit ihren Begabungen. Sie trugen dazu bei, dass ein Klima entstand, in dem sich Frauenmystik entwickeln konnte.

Freilich – auch das Scheitern ist zu bedenken, die Verharmlosungen, die Glättungen, die manche Schriften erfuhren, das Verschweigen. Bei allen veränderten Zeitbedingungen – auch hier erhellt manches unsere Gegenwart.

Die bunte Vielfalt, die die Auseinandersetzung mit diesem Themenbereich zu vermitteln vermag, lässt sich vielleicht mit einem Wort der Teresa von Avila (1515 – 1582) zusammenfassen:

»Der Umgang mit einem Menschen, der die Welt schon kennt, trägt viel dazu bei, dass wir uns selber erkennen.«

Der Aufbau der einzelnen Kapitel gliedert sich in eine kurze Einführung, einen Gottesdienstentwurf und einen Vorschlag für die Gruppenarbeit.

Nähere Informationen über das Leben der einzelnen Mystikerinnen finden sich in den praktischen Ausarbeitungen. Die Liedangaben beziehen sich größtenteils auf das Evangelische Gesangbuch (EG), »Mein Liederbuch heute und morgen« (Band 1 und 2) und »Mein Kanonbuch« (tvd, Düsseldorf).

Roselies Taube, Hella Thomas & Susanne Witschkowski

Hildegard von Bingen

(1098 – 1179)

Sie schrieb über die göttliche Weisheit, die alles erschuf und am Leben erhält, die sich in der Natur, der Musik, in menschlicher Einsichtskraft zeigt. Sie verkörperte diese Weisheit geradezu selbst: Hildegard von Bingen, Äbtissin vom Rupertsberg und von Eibingen. Immer wieder rief sie dazu auf, sich von einem oberflächlichen, nur am eigenen Prestige orientierten Dasein abzuwenden und sich der göttlichen Weisheit zu öffnen und ihr entsprechend zu handeln. Sie wies darauf hin, wo wir Spuren der göttlichen Weisheit entdecken können. Mit scharfen Worten deckte sie die Folgen eines uneinsichtigen Verhaltens auf: die Störung des Gleichgewichts in Natur und menschlicher Gesellschaft.

In diesem Gottesdienst haben wir beide Aspekte anklingen lassen: die Weisheit Hildegards und ihre Hinweise auf die göttliche Weisheit. Ihr Leben kommt in einem »Interview« zur Sprache, an das sich drei Themenkreise anschließen:

· *Weisheit in menschlicher Einsichtskraft*
· *Weisheit in der Natur*
· *Weisheit in der Musik*

Gebete, Segenswort, Musik und bildliche Darstellung sind aus dem Werk Hildegards ausgewählt.

In einer Gruppenveranstaltung lässt sich ein breiter Informationshintergrund der biblischen Weisheit gewinnen. Auf der anderen Seite gewinnt die Inhaltlichkeit durch die Bereitstellung von Weisheitssymbolen einen persönlichen Bezug für die Teilnehmenden, die an Erfahrenes und Erlebtes der eigenen Biografie erinnern.

Gottesdienstentwurf

Die weise Frau vom Rupertsberg – Hildegard von Bingen

Einstimmung

Seid wie der Tag,
der vom niederfallenden Tau
in der Frühe berührt
und nachher
in sanfter Kühle gemildert wird.

(Hildegard von Bingen)

Mit diesen Worten Hildegard von Bingens wollen wir uns auf diesen Gottesdienst einstimmen. Die göttliche Geisteskraft möge uns bewegen und inspirieren.

Lied

Nun jauchzt dem Herren, alle Welt

(EG 288)

Psalmenlesung

Psalm 66,1–5.16–20

Gebet

O Feuergeist, Lob sei dir,
die Herzen der Menschen erglühen von dir,
die Zelte der Seelen,
sie sammeln die Kräfte.
Nun sammle uns alle in Gnaden zu dir,
und leite uns frei auf den richtigen Weg.

(Hildegard von Bingen)

Lied

Morgenglanz der Ewigkeit

(EG 450)

Interview mit Hildegard von Bingen

(I = Interviewerin, H = Hildegard)

I: Frau Äbtissin, es freut uns sehr, dass Ihr aus so ferner Zeit zu uns gekommen seid. Jetzt sind wir gespannt auf Euch selbst und Euer Leben. Wollt Ihr uns zuerst vielleicht etwas aus Eurer Kindheit erzählen?

H: Aus meiner Kindheit? Ach, das ist so lange her. Aber Ihr habt Glück. Ich hatte einen Mitarbeiter, dem sollte ich immer aus meinem Leben erzählen, und er schrieb es dann auf. Deshalb erinnere ich mich ein wenig. Ich wurde auf einem großen Gut geboren, auf Bermersheim. Das liegt weit von Euch entfernt, bei Alzey, in der Nähe des Pfälzer Walds. Ich war das zehnte Kind meiner Eltern, als ich 1098 geboren wurde.

I: Das muss ja herrlich gewesen sein! So viele Kinder auf einem Gut.

H: Ja, aber Ihr müsst bedenken, dass ich oft krank war. Ich konnte nicht mit meinen Geschwistern herumtoben. Aber vielleicht hat sich mir deshalb alles so intensiv eingeprägt: der Rhythmus der Jahreszeiten, die Arbeiten auf dem Hof.

I: Dann war es trotz der Krankheit eine glückliche Kindheit?

H: Ja. – Wenn mich nicht etwas bedrückt hätte. Schon früh sah ich Bilder vor meinem inneren Auge, Visionen. Ich erzählte es der Kinderfrau. Sie erschrak dermaßen, dass ich fortan schwieg. Sie dachte, der Teufel wollte mich mit diesen Bildern narren.

I: Aber das ist doch verständlich, dass ein Kind, das so oft krank ist, für innere Bilder offen ist. Was sagten Eure Eltern dazu?

H: Ihnen erzählte ich nichts. Und: Ich kam ja bereits mit acht Jahren von zu Hause fort.

I: Mit acht Jahren?

H: Ich war das zehnte Kind meiner Eltern. Sie hatten deshalb bei meiner Geburt das Gelübde abgelegt, mich dem Kloster zu übergeben. Das war zu meiner Zeit durchaus üblich.

I: Ihr wurdet nicht um Eure Meinung gefragt?

H: Nein. Das gab es nicht. Ich habe später aber immer wieder davor gewarnt. Ich halte es für ein zu frühes Alter für einen Klostereintritt. Ich lebte mit meiner Lehrerin Jutta von Sponheim und einem weiteren Mädchen in einer Klause an einem Benediktinerkloster.

I: Wie schrecklich!

H: Nun, wir hatten immerhin drei Räume, auch einen beheizbaren. Wir hatten einen Garten, in dem wir Kräuter zogen. Vor allem: Ich verstand mich mit Jutta von Sponheim sehr gut. Sonst wäre es sicher schwer erträglich gewesen. Jutta unterrichtete uns im Schreiben und Lesen, in Latein. Natürlich nicht in so einem komplizierten, wie es die Gelehrten lernen. Sie erzählte uns biblische Geschichten. Wir stickten. Wir lernten Heilkräuter kennen und Heilkunde.

I: Dann ist dadurch auch die Verbindung zur Natur bestehen geblieben?

H: Ja. Und in unserer Einsamkeit vertieften sich die Bilder aus der Natur in mir, die ich zu Hause gewonnen hatte. Ich bekam eine Ahnung von einer göttlichen Lebenskraft, die alles durchflutet und lebendig erhält: Menschen, Tiere, Pflanzen, die Elemente, den Kosmos. Später als Erwachsene dichtete ich über die göttliche Lebenskraft, die ich die göttliche Weisheit nannte:

Du mächtiger Weg, der alles durchzieht
in Höhen, auf Erden, in Abgründen all,
du fügest und schließest ja alles in eins.
Durch dich wogen die Wolken und fliegen die Lüfte,

träufeln die Steine,
bringen die Quellen Bäche hervor,
lässt sprossen die Erde das Grün.

I: Lebtet Ihr noch als Erwachsene in der Klause?

H: Nein, nein. Zu viele Frauen wollten zu uns herein. Der Platz reichte nicht. Wann genau wir die Klause verließen, daran erinnere ich mich nicht mehr. Aber ich war schon erwachsen. Wir bildeten jetzt eine Art Nebenkloster unter der Oberaufsicht des Männerklosters. Jutta war unsere Meisterin. Als sie starb, wurde ich ihre Nachfolgerin. Da war ich 38 Jahre alt.
Eines Tages sah ich in meinen Visionen ein Kloster. Ich wusste: Das ist mein Kloster. Dort sollte ich mit den anderen Frauen zusammen leben. Ich bejahte das einerseits, aber andererseits fürchtete ich den Konflikt mit den Mönchen und dem Abt. Sie würden uns nicht ziehen lassen wollen, um den Einfluss auf uns nicht zu verlieren. In diesem Konflikt wurde ich krank – bis ich mir sagte: Ich wage es.

I: Habt Ihr Euch durchgesetzt?

H: Bei unserem Eintritt in das Kloster hatten unsere Eltern eine Art Mitgift einbezahlt. Die Mönche weigerten sich, uns das Geld jetzt zurückzuzahlen. Es gelang mir, Kontakt mit dem Erzbischof in Mainz aufzunehmen. Er erklärte sich schließlich bereit, unser Vorgesetzter zu werden. Ich handelte noch einige Rechte für uns heraus, die nicht selbstverständlich waren. Unser altes Kloster war außer sich. Es verlor die Aufsicht über uns. Wir zogen auf den Rupertsberg bei Rüdesheim. 1150 gründeten wir unser Frauenkloster. Da war ich 52 Jahre alt. 1165 gründeten wir sogar noch ein Tochterkloster am jenseitigen Rheinufer: Eibingen.

I: Frau Äbtissin, es freut uns, dass eine Frauengemeinschaft ihre Chance ergriffen hat. Wir haben Euch jetzt lange genug beansprucht und danken Euch für dieses Gespräch.

Lied »Schenk uns Weisheit«

Text und Melodie: Irmgard Spiecker, Satz: Ingo Bredenbach,

Themenkreis I
»Du bringst auch immer Menschen voll Einsicht hervor ...«

Einführung
Weise Menschen begegnen uns im Märchen. Meist sind sie alt und lebenserfahren. Doch Weisheit ist nicht an ein bestimmtes Alter gebunden. Weise Menschen sind solche, die uns raten können. Manchmal prägen sie uns ganz unbeabsichtigt: durch ein Wort, durch ihr Vorbild.

Partner/innengespräch
Je zwei Menschen tauschen sich aus: Wo sind mir Menschen begegnet, die mich mit ihrer Weisheit geprägt haben?

Kanon
Du bist da, wo Menschen leben
(Mein Kanonbuch, 72)

Themenkreis II
»O, edelstes Grün ...«

Gedicht
O, edelstes Grün,
du wurzelst in der Sonne,
strahlst auf in leuchtender Helle
in einem Kreislauf,
den kein irdisches Sinnen begreift:
Du bist umfangen
von den Umarmungen der Geheimnisse Gottes.
Du schimmerst auf wie Morgenrot,
du glühst in der Sonne Flammen.

Vertiefung
Gott hat uns Hilfen gegeben zum Heilwerden an Körper und Seele. Eine Hilfe ist die Natur mit ihrer Farbe Grün. Grün übt

eine wohltätige, beruhigende Wirkung auf Körper und Seele aus. Hildegard meint mit der »Grünkraft« eine Lebensfrische, die Menschen, Tieren und Pflanzen einwohnt. Sie entstammt den Elementen, wirkt im Feuer und im Wasser, weht in der Luft. Durch die Elemente stärken die Geschöpfe die eigene Lebenskraft. Wir können es besonders gut an einem frischen, sonnigen Morgen beobachten, wenn die Heilkräuter geradezu Kraft aufsaugen.
Ursprünglich konnten die Menschen ihre Lebensgrüne ungehindert entfalten. Seit dem Sündenfall hat es sich geändert. Aber immer noch hält die göttliche Schöpfung helfende Möglichkeiten für uns bereit.

Aktion
In verschiedenen Gefäßen stehen Zweige, Pflanzen, Gräser in verschiedenen Grüntönen bereit.
Die Gottesdienstbesuchenden wählen eine Farbe aus, die sie besonders anspricht. Mit diesen Zweigen und Gräsern wird der Altar geschmückt.

Lied
Mach in mir deinem Geiste Raum
(EG 503,14)

Themenkreis III
O Feuergeist, Lob sei dir,
auf Pauken wirkst du und Zithern!

Vertiefung
Musik kündet nach Hildegards Verständnis von der Gottheit, ihrer Weisheit und ihren Werken: Für sie ist das Weltall voller Klänge: »Die Mehrzahl der guten Engel blickt auf zu Gott. Sie anerkennen Ihn mit allem Wohlklang ihres Lobpreisens und loben mit wunderbarer Einmütigkeit die Geheimnisse, die immerfort in Ihm waren und sind. Nimmermehr können sie davon ablassen, da sie von keinem irdischen Körper beschwert sind. Sie künden von der

Gottheit mit dem lebendigen Tönen ihrer herrlichen Stimmen, die zahlreicher als der Sand am Meere sind und über alle Zahl an Früchten, die immer die Erde hervorbringen mag, reicher als alles Tönen, das die lebendigen Wesen hervorbrächten, und leichter als der Glanz, der von Sonne, Mond und Sternen in den Gewässern funkelt. Herrlicher ist dieser Klang als die Musik des Äthers, die aus dem Brausen der Winde entsteht, welche die vier Elemente hochhalten und festfügen. Und doch vermögen die seligen Geister mit all diesem Stimmenjubel die Gottheit nicht zu fassen, weshalb sie auch immer Neues in ihren Stimmen hinzu erfinden ...«

(Hildegard von Bingen)

Hören einer Hildegard-Komposition

Zu der Musik wird das Dia »Die Chöre der Engel« gezeigt.

Gebet

O Feuergeist, Lob sei dir,
auf Pauken wirkst du und Zithern,
die Herzen der Menschen erglühen von dir ... *(s.o. S.14)*

Vaterunser

Segen

»Das Licht vom Lichte leuchte in dir.« (Hildegard von Bingen)

Gott begleite uns mit seinem Licht.
Gott erleuchte unsere Seele.
Gott segne unseren Weg.

Praktische Hinweise

Kräuter, Zweige, Gräser, Pflanzen in verschiedenen Grüntönen sammeln.
Vasen und Krüge, mit Wasser gefüllt, bereitstellen.
Dia »Die Chöre der Engel« bestellen, Diaprojektor bereitstellen.
Hildegard-Komposition auswählen. (Bezugsadresse s. Anhang)

Vorschlag für Gruppen

»Weisheit zieht ein in dein Herz«

Bildbetrachtung

»Die wahre Dreiheit in der wahren Einheit«

(Bezugsadresse: s. Anhang)

Wir entdecken eine Gestalt, umstrahlt von einem hellen, silbrigen Licht. Es verdichtet sich zu einem Goldrot.
Christus kommt aus der göttlichen Welt, umgeben von einer Lohe.
Der göttliche Geist wärmt und belebt.
Ihn symbolisiert der innere Kreis.
Den Schöpfergott deutet der äußere Kreis an. »Licht ist sein Kleid.« (Psalm 104)
Die Kreisform weist auf die Ewigkeit: Gott ist ohne Anfang und Ende.
Christus lässt sich als eine weibliche Gestalt deuten.
Christus kommt in der Gestalt der Frau Weisheit.

Information

Was hat es mit der Weisheit auf sich?
Das erste Testament der Bibel erzählt von weisen Männern und Frauen – wie der Alte Orient überhaupt. Es waren Menschen, die den Alltag, die politischen Vorgänge oder die Naturabläufe sehr genau beobachteten. Sie vermochten daher Rat zu geben und Beistand zu leisten. Ihr Wissen überlieferte man mündlich, zuweilen aber auch schriftlich.
Weisheit bedeutete nicht einfach Intellektualität, sondern auch, in einem Handwerk, in der Kunst sachverständig zu sein. Weisheit umfasste ein sehr weites Spektrum: von der Staatskunst bis zum praktischen Alltagswissen, von der Einfühlung in die Schöpfung bis zur handwerklichen Fertigkeit.
Da verwundert es nicht, dass die schriftlichen Aufzeichnungen die verschiedensten Stilmittel verwandten: Lehre, Lied, Sprichwörter.

Zu den weisheitlichen Büchern der Bibel zählen wir die Sprüche, das Buch Hiob, den Prediger, Jesus Sirach, die Weisheit Salomos. Im Buch der Sprüche erscheint eine weibliche Gestalt aus den himmlischen Sphären auf der Erde: die Weisheit. Wer ist sie? Die Weisheit personifiziert? – Wie auch wir zum Beispiel die Gerechtigkeit personifizieren als eine Frau, mit der Waage in der Hand? Erinnerung an die Göttin, die uns im Alten Orient unter verschiedenen Namen begegnet? Gott im weiblichen Bild? Auf alle Fälle aber ist die Weisheit eine Mittlerin zwischen Gott und den Menschen. Sie ruft dazu auf, sich auf Gottes Wege zu besinnen. Sie erscheint als Lehrerin und Predigerin. Im Sprüchebuch Kapitel 8 stellt sie sich in der Ich-Form vor.

Bibellesung

Sprüche 8,22–36

Information

Vor der Schöpfung bereits lebte die Weisheit bei Gott.
Durch sie schuf er Himmel und Erde. Sie stellt sich als seine Geliebte vor, bringt spielerische, leichte, erotische Töne in die Theologie. Jetzt ruft sie die Menschen auf, auf sie zu hören. Durch sie regieren Verantwortliche weise. Es herrscht Gerechtigkeit in der Rechtssprechung. Wer sie entdeckt und sich an ihr orientiert, findet wahres Leben. Wer sie hasst, erntet Tod. Wir können heute sagen: erntet Tod im Leben.
In der Tradition geriet sie in Vergessenheit. In Vergessenheit geriet, dass alle, die sich auf sie einlassen, »Gottes Kinder, Gottes Söhne und Töchter« heißen.
Warum?
Um die Zeitenwende übersetzte man das weibliche Wort »Weisheit« mit einem männlichen Begriff ins Griechische: der Logos. Christus, so lautete die Lehre, ist der Logos. Er ist der einzige Mittler zwischen Gott und Mensch. Gleichzeitig besetzten Männer die verantwortlichen Positionen in den Gemeinden; Christus als Mann – Männer als Gemeindeleiter!

Erneutes Zeigen des Dias

Die Weisheit kehrt wieder. Das ist Menschen wie der Mystikerin und Theologin Hildegard von Bingen (1098-1179) zu verdanken. Die Äbtissin des Klosters auf dem Rupertsberg über dem Rhein galt selbst als weise Frau. Sie entdeckte Spuren der göttlichen Weisheit in der Heilkunst und in der Musik. Sie wusste Rat zu geben für das menschliche Zusammenleben bis hinein in die Politik.
Heute entdecken Menschen die Weisheit wieder:

- *in Menschen, die ihnen Vorbild sind,*
- *in Märchen,*
- *in der Kräuterkunde,*
- *in der Schöpfung,*
- *in Kinderaussprüchen,*
- *im Handwerk,*
- *in der Musik ...*

Gruppenarbeit

Die Teilnehmerinnen suchen sich aus der Mitte ein Symbol, ein Bild, einen Gegenstand aus. Dies erinnert sie daran, wie sie in ihrem Leben der Weisheit begegnet sind. Sie können auf eine weiße Karte ein Symbol zeichnen oder ein Stichwort schreiben.
Sie erzählen sich in Kleingruppen:
Warum habe ich dieses Symbol, Bild oder diesen Gegenstand gewählt?
Woran erinnert es mich in meinem Leben?
Was hat die Erfahrung der Weisheit für mein Leben bewirkt?
Die Vorbereitungsgruppe der Veranstaltung nimmt die übrig gebliebenen Dinge fort. Nach der Gruppenarbeit legen die Teilnehmenden ihre Weisheitssymbole in die Mitte.

Anschauen der Weisheitsmitte beim Hören einer Hildegardkomposition

Segen

Weisheit zieht ein in dein Herz,
Erkenntnis beglückt deine Seele.
Besonnenheit wacht über dir,
und Einsicht behütet dich.
Darum geh auf dem Weg der Guten.
Halte dich an die Pfade der Gerechten.
(Sprüche 2,10.11.20)

Weisheitssymbole

- *Steine*
- *Muscheln*
- *Früchte*
- *Musikinstrumente*
- *Kunstpostkarten*
- *Noten*
- *Holzfarbstifte*
- *Naturwolle*
- *Ton*
- *Kristall*
- *Buch (z.B. mit Spruchweisheiten)*
- *Kinderbuch*
- *Märchenbuch*
- *Seidentücher*
- *Zweige*
- *Blumen*
- *Kerzen*
- *Sackleinen*
- *Gewürze*
- *Schreibstift*
- *Eule (z.B. aus Ton)*
- *Skarabäus (aus Ton)*
- *gewebte Decke*
- *Blumenzwiebel*
- *Samen*
- *Holz*
- *Kräutertee*
- *kräftiges Brot*

Praktische Hinweise

- *Dia bestellen »Die wahre Dreiheit in der wahren Einheit«, Hildegard von Bingen, Scivias-Codex, Tafel II, Schau II,2*
  (Bezugsadresse s. Anhang)
- *Weisheitssymbole zusammenstellen.*
- *Hildegard-Komposition auswählen.* (Bezugsadresse s. Anhang)

Elisabeth von Schönau

(um 1129 – 1164)

Sie war Zeitgenossin Hildegard von Bingens, mit der sie korrespondierte. Ihre Schriften fanden im Mittelalter zuweilen weitere Verbreitung als die Hildegards: Elisabeth von Schönau, Meisterin der Frauengemeinschaft des benediktinischen Doppelklosters zu Schönau (Nassau). Heute steht sie im Schatten der vielseitigen Äbtissin vom Rupertsberg. Zu Unrecht. In ihren Briefen, in ihrem »Buch der Gotteswege« und in ihrem »Visionenbuch« finden sich Worte scharfer Kirchen- und Gesellschaftskritik, die in unsere Zeit hinein zu sprechen vermögen. Es finden sich Worte, die zur radikalen Nachfolge aufrufen und die zum Beispiel in der Friedensdekade zum Nachdenken, Diskutieren und sich Engagieren aufrufen.

Gottesdienstentwurf

»Wenn ihr wandeln wollt, wie ich gewandelt bin …« – Elisabeth von Schönau

Einstimmung

Manchmal sagen wir: »Ins Grab kann man nichts mitnehmen.« Wir sagen es, wenn jemand Besitz an sich rafft, so, als hinge die ganze Seligkeit davon ab. Die meisten Menschen kennen vermutlich diesen Ausspruch. Und dennoch beobachten wir immer wieder ein Verhalten, das genau gegensätzlich ist. Besitz, aber auch Macht, Prestige werden geradezu gesammelt und angehäuft.
Was treibt Menschen dazu? Wir wollen miteinander im Namen Jesu darüber nachdenken und nach Alternativen suchen.

Lied

Gott gab uns Atem
(Mein Liederbuch 2, B 191)

Gebet

Gott, gütig und barmherzig,
in der Welt ängstigen uns viele Mächte:
die Mächte der Gleichgültigkeit und der Gewalt.
Uns erschreckt die maßlose Gier,
die unsere Welt in Katastrophen treibt.
Wir leiden unter unbarmherzigen Zumutungen
und unter Verletzungen.
Oft suchen wir vergeblich nach Hilfe.
Ein Ausweg lässt sich nur schwer entdecken.
Lass uns erfahren,
was die Menschen um Jesus spürten,
wie Friedfertigkeit manchmal Gewalt entkräftet,
wie Zuwendung Gleichgültigkeit vertreibt,
wie Gemeinschaft Verletzungen heilt.

Lass diesen Geist Jesu unter uns lebendig sein,
den Geist, der stärkt und verwandelt.

Wort der Elisabeth von Schönau

Aus alter Zeit hören wir dieses Wort:
»O ihr Elenden und Unglücklichen, die ihr euch Schätze sammelt im Niedrigen! Wisst ihr nicht, dass die Vornehmen und Mächtigen untergehen am Tag des Gerichts und dass die Reichen trauern werden? Was für ein elendes und armseliges Ding ist der Ruhm dieser Welt. Wehe denen, die danach streben.«

Information

Das Wort stammt von Elisabeth von Schönau, einer Zeitgenossin Hildegard von Bingens. Elisabeth von Schönau und Hildegard von Bingen korrespondierten miteinander. Elisabeth lebte von 1129 bis 1164. Ihre Wirkungsstätte lag im Kloster Schönau in Nassau. Hier war sie Meisterin der Frauengemeinschaft. Ähnlich wie Hildegard sah sie Bilder vor ihrem inneren Auge – Visionen. Sie wusste sich von Gott beauftragt, zu schreiben und ihre Stimme zu erheben. Dies fiel ihr, die viel lieber zurückgezogen lebte, sehr schwer. Schwerer als Hildegard von Bingen. Umso erstaunlicher klingen ihre mutigen, manchmal drastischen Worte. Sie verfasste unter anderem ein Buch »Buch der Gotteswege«.

Bildbetrachtung

(Bildbeispiel aus dem Mittelalter: vom Jüngsten Gericht)

Im Mittelalter sahen die Menschen in den Kirchen Bilder und Darstellungen auf Altären, die an das Lebens- und Weltende erinnern. Christus wird »am Ende der Tage« die Menschheit richten. Wie mag das Bild damals gewirkt haben? Hat es Furcht eingeflößt? Hat es die Menschen zur Änderung ihres Lebens veranlassen können? Sicher war das bei manchen der Fall. Wir hören aber auch aus dieser Zeit von Menschen, die sich in ihrer Geldgier, in ihrem Prestigedenken nicht stören ließen. Hofften sie, dass alles doch nicht so schlimm kommen würde? Meinten sie, in diesem Dasein alle Bequemlichkeiten haben zu können und später von der Gnade Gottes profitieren zu dürfen? Oder sahen sie weg, wenn sie auf diese Bilder stießen? Verschlossen sie ihre Ohren vor Worten wie denen Elisabeths? »O ihr Elenden und Unglücklichen, die ihr euch Schätze sammelt im Niedrigen! Wisst ihr nicht, dass die Vornehmen und Mächtigen untergehen am Tag des Gerichts und dass die Reichen trauern werden? Was für ein elendes und armseliges Ding ist der Ruhm dieser Welt. Wehe denen, die danach streben.«

Einwand

Für mich ist es nicht gerade überzeugend, den Menschen zu drohen. Heute hätten wir damit sowieso kaum einen Erfolg. Wer lässt sich schon noch von solchen Bildern schrecken? Und wenn – dann geschähe die Umkehr aus Furcht und nicht aus wirklicher Überzeugung.

Entgegnung

Du hast Recht. Die Zeit der Elisabeth von Schönau war von solchen Bildern geprägt. Da trennt uns von ihr ein tiefer Graben. Aber dennoch lassen ihre Einsichten auch uns nachdenklich werden. Sie weist nämlich die Menschen fort von den Gerichtsbildern. Sie sendet sie als nächsten Schritt in die Stille. Da soll in ihnen eine Überzeugung entstehen: die Überzeugung, dass es gut ist, sich im Sinne Jesu in der Welt einzusetzen.

Wort Elisabeths

»Ihr Kinder des Friedens, wendet eure Ohren weg vom Geschrei der Welt und geht hin und lauscht der Stille des Geistes, der in euch spricht.«

Ausprobieren

Die Gruppe teilt sich. Eine Gruppe betrachtet eine Collage aus Zeitungsausschnitten mit Ereignissen in der Welt, die uns umtreiben. Sie geht anschließend in einen anderen Raum, der als »Raum der Stille« hergerichtet ist: Stühle, Kissen, eine Kerze in der Mitte. Am Ende der Zeit in der Gruppe wird das Elisabeth-Wort gelesen. Die andere Gruppe verfährt umgekehrt: erst die Stille, dann das Anschauen der Collagen.

Austausch (Plenum)

Beide Teilgruppen tauschen sich untereinander aus, wie die Erfahrungen auf sie gewirkt haben. Was für den einen Weg spricht, was für den anderen.

Bibellesung

Matthäus 5,3–10

Lied

Selig seid ihr

(Mein Liederbuch 1, B 97)

Wort der Elisabeth

In unserem Engagement sind wir nicht allein gelassen. Elisabeth legt Jesu folgende Worte in den Mund:

»Wenn du wandeln willst, so wie ich gewandelt bin, dann achte auf meine Fußspuren. Wende dich weder zur Rechten noch zur Linken, sondern folge mir nach. Ich bin der Weg, die Wahrheit und das Leben.«

Bildbetrachtung

Aus dem Scivias-Codex der Hildegard von Bingen –
»Die wahre Dreiheit in der wahren Einheit«

Elisabeth sah Christus ebenfalls in einer Vision einer Frau gleichend. Die Menschen versagten immer wieder voreinander und vor Gott. Sie wandten sich von Gott ab. Die »Liebessehnsucht« trieb Gott dazu, sie wieder zu sich zu ziehen. Dafür lässt er Christus Mensch werden. Aus der Welt des göttlichen Lichts tritt er hervor. Wir erahnen an ihm die Lebensfülle, zu der wir eigentlich bestimmt sind. In seinem Leben hinterlässt Christus Spuren, denen wir folgen können. Wir erkennen Unrecht und Verdrehungen und können beide bekämpfen.

Gruppengespräch

Die Teilnehmenden erzählen sich: Welche Spuren Jesu sind für mich wichtig geworden? Oder: Welche Spuren anderer Menschen, die sich engagieren, sind mir wichtig geworden?

Bibellesung

Johannes 14,6

Lied

Wir haben Gottes Spuren festgestellt

(Mein Liederbuch 1, B 80)

Zuspruch

»Ihr seid die brennenden Lampen, die der Herr auf seinen heiligen Berg hingestellt hat, damit ihr durch eure Worte und Beispiele die Dunkelheit und Finsternis dieser Welt erleuchtet.«

(Elisabeth von Schönau)

Zeichenhandlung

Nacheinander zünden die Teilnehmerinnen Lichter an und verteilen sie im Raum.

Zuspruch

Nochmaliges Lesen des Wortes: »Ihr seid die brennenden Lampen, die der Herr auf seinen heiligen Berg hingestellt hat, damit ihr durch eure Worte und Beispiele die Dunkelheit und Finsternis dieser Welt erleuchtet.«

Lied

Ihr seid das Salz der Erde

(Mein Liederbuch 1, B 22)

Gebet

Gott, so wie ein Feuer
entzünde in meinem Herzen die Flamme der Liebe
für meine Feinde, meine Freunde, meine Verwandten,
für die Klugen ebenso wie für die Einfältigen,
für die Freien wie für die Gefangenen,
von den einfachen Leuten
bis hin zu dem Namen,
der über alles erhaben ist.

(Nach einem alten irischen Gebet)

Vaterunser

Segen

Möge der Gott der Liebe,
der seine Liebe zu teilen bereit war,
uns stärken in unserer Liebe zu anderen.

Möge der Sohn,
der sein Leben zu teilen bereit war,
uns voller Gnade dazu bereit machen,
unser Leben zu teilen.

Und möge der Heilige Geist in uns wohnen
und uns dazu stärken, allezeit und freimütig für andere da zu sein.

Praktische Hinweise

- *Dia mit Motiv vom Jüngsten Gericht besorgen.*
- *Dia »Die wahre Dreiheit in der wahren Einheit« besorgen.* (Bezugsadresse s. Anhang).
- *Collagen kleben mit Schlagworten aus Zeitungen der letzten Wochen.*
- *Raum der Stille vorbereiten.*
- *Kerzen bereitlegen.*

Vorschlag für Gruppen

»Die Dunkelheit der Welt erleuchten«

Einstimmung

Langsames Vorlesen einiger Worte zum Licht

Beispiele:

Die Finsternis vergeht,
und das wahre Licht scheint jetzt.
(1. Joh 2,8)

Das Licht vom Lichte leuchtet in dir.
(Hildegard von Bingen)

Das Licht lässt alle Kreaturen wieder in ihren Ursprung zurückfließen. Und fließen sie nicht zurück, so bleiben sie in sich selbst wahrhaft in der Finsternis.
(Johannes Tauler)

Sei gegrüßt, mein Heil und Licht meiner Seele,
alles, was der Saum des Himmels,
der Kreis der Erde und die Tiefe des Abgrundes umfasst,
soll dir danken für deine Gnade.
(Gertrud die Große von Helfta)

O ewiger Gott.
O Licht über jedem Licht.
Von dir geht jedes Licht aus!
(Catarina von Siena)

Der Herr verleihe uns Licht,
damit wir in allem das Rechte treffen.
(Teresa von Avila)

Die Werk der Finsternis sind grob
und dienen nicht zu deinem Lob;
die Werk des Lichtes scheinen klar,
dein Ehr sie machen offenbar.
(EG 441,6)

Die Geheimnisse des Glaubens sind wie die Sonne.
Hineinschauen kann man nicht,
aber in ihrem Licht sehen wir alles anders.
(Gilbert Keith Chesterton)

Die Eule, deren Nachtaugen am Tage blind sind,
kann das Mysterium des Lichts nicht entschleiern.
(Khalil Gibran)

Moment der Stille – Nochmaliges Lesen der Worte

Malen und erzählen

Alle Teilnehmenden malen auf schwarzer Pappe ihre Assoziationen zum Licht. Besonders eindrucksvoll wirken die Farben, wenn sie mit Deckweiß gemischt werden. Anschließend wird in der Mitte eine große Kerze entzündet. Die Teilnehmenden legen ihre Bilder um die Kerze herum. Sie erzählen, was sie mit »Licht« und mit »Finsternis« verbinden.

Wort der Elisabeth von Schönau:

»Ihr seid die brennenden Lampen, die der Herr auf seinen heiligen Berg hingestellt hat, damit ihr durch eure Worte und Beispiele die Dunkelheit und Finsternis dieser Welt erleuchtet.«

Gespräch

- *Wie wirkt dieses Wort auf uns?*
- *Wie eine Zumutung?*
- *Überfordernd?*
- *Ermutigend?*

- *Welche Probleme und Chancen eröffnet es?*
- *Wie lässt es sich konkret umsetzen?*

Abschluss

- *Herumgeben der Kerze im Kreis.*
- *Wer möchte, kann einen Dank für das Zutrauen, in der Welt wirken zu sollen, formulieren oder auch eine Bitte.*

Praktische Hinweise

- *Blätter aus schwarzer Pappe, Pinsel, Deckfarben, Deckweiß, Wassergläser bereithalten.*
- *Eine große Kerze in die Mitte des Raumes stellen.*

Clara von Assisi

(1193/94 – 1253)

Selten erfährt die Eigenständigkeit ihres spirituellen Weges und ihres Denkens die angemessene Würdigung. Immer wieder gewinnen wir den Eindruck: Clara von Assisi empfängt von Franz von Assisi ihre Prägung. Sie selbst habe nur reagiert. Jedoch suchte sie ihrem Glauben bereits vor der Begegnung mit Franz einen eigenen, überzeugenden Ausdruck zu verleihen. Später gründet sie eine Frauengemeinschaft und kämpft hartnäckig für die Einsichten, die sie aus dem Evangelium gewonnen hat. Sie setzt sich für eine konsequente Nachfolge in Armut ein.

Vor Jahren, als Einzelne und Gruppen nach überzeugenden Lebensstilen suchten, gewannen derartige Alternativen an Aktualität. Die Brisanz trat allmählich zurück. Die jüngsten Erfahrungen in Wirtschaft und Gesellschaft lassen plötzlich wieder fragen: Sollten sich nicht aus Claras Worten und von ihrem Beispiel wichtige Einsichten gewinnen lassen?

Der Vorschlag zur Gruppenarbeit lässt durch ein Wort Clara von Assisis auch den engeren persönlichen Bereich thematisieren.

»Arm dran?« – Clara von Assisi

Einstimmung

»Selige Armut! Denen, welche sie lieben und umfangen, verbürgt sie ewige Reichtümer.«
Wer würde heute noch so sprechen? Geiz, ja der ist »in«. Aber Armut? Abwegig?
Oder doch nicht?
Lassen wir uns Zeit, und machen wir uns auf den Weg zu der Frau, die uns so befremdliche Gedanken zumutet.

Lied

Alle eure Sorge
(Mein Liederbuch 1, B 116)

Psalmenlesung

Psalm 62,6–11

Assoziationen

- *Stilles Nachdenken darüber, was wir mit »Armut« assoziieren.*
- *Stücke groben Stoffs (Sackleinen) werden als Hilfe herumgereicht zum Befühlen.*

Leise Instrumentalmusik

Auswertung

Wandzeitung zum Schlagwort »Armut« erstellen:
Wer möchte, schreibt Stichworte auf eine Stellwand. Die Vorbereitungsgruppe sammelt weitere Stichworte und notiert sie.
Vorlesen einiger Beispiele.

Gebet

Es fällt uns schwer, Gott,
uns der Armut zu stellen.
Sie kam manchen unter uns nah in den letzten Jahren,
der letzten Zeit.
Sie droht manchen unter uns.
Wir fühlen uns nicht mehr sicher.
Freiwillige Armut? Fröhliche Armut?
Sie lockt uns nicht.
Wir wehren sie ab.
Deshalb bitten wir dich:
Gib uns die Freiheit, uns ihr zu öffnen.
Gib uns den Mut, nach ihr zu fragen.
Gib uns die Aufmerksamkeit zu hören,
der du durch sie zu uns sprichst.

Biblische Lesung

Lukas 6,20a–23

Lied

Selig seid ihr

(Mein Liederbuch 1, B 97)

Aktion

Vier große Kartons werden aufgestellt.
Sie sind jeweils mit einem Begriff beschriftet:
· Herkunft
· Kapital
· Ausbeutung der Schöpfung
· Hierarchie

I Monolog (Karton Herkunft)

Auftritt Bonas

Ihr seht mich hier zwischen Kisten und Truhen in diesem großen Haus sitzen. Ja, ich packe. Ich will fort. Es ist mir hier zu

einsam geworden. Von Ferne höre ich die Männer in ihren Arbeitsräumen sprechen.
Aber es war doch etwas anderes, als alle noch da waren: Clara, ihre Mutter Ortulana, ihre Schwester Catharina und Beatrice und all die anderen Frauen. Sicher, irgendjemand von uns war stets auf Reisen. Ortulana hat sogar das Heilige Land gesehen. Stellt euch das vor! Ja, wir konnten es uns finanziell leisten. Dies hier ist ein adliges Haus. Ach so, ihr fragt, wer ich bin? Ich heiße Bona. Ich lebte mit meiner Schwester in Claras Familie. Wir waren so eine richtige Frauengemeinschaft. Wir pflegten auch einen bestimmten Lebensstil. Dafür sorgte ganz besonders Clara. Sie wusste immer ganz genau, was sie wollte. Wir verstanden uns als Büßerinnen. Viele Menschen lebten so in ihren Häusern oder in Gruppen und Gemeinschaften. Buße heißt ja Umkehr. Wir wollten uns abkehren von Macht, Pomp und Glanz in der Kirche. Wir wollten umkehren zu der Lebensweise Jesu. Über diese wichtigen Fragen sprachen wir viel miteinander. Wir beteten. Clara verzichtete sogar auf Reisen. Sie lebte ganz zurückgezogen. Es war ihr ganz klar, dass sie nicht heiraten würde, um sich voll und ganz auf den Lebensstil Jesu zu konzentrieren. Sie unterstützte die Armen, wo sie konnte. Eins jedoch übertrieb sie nach meiner Ansicht: das Fasten.
Ihr fragt nach Franz? Franz von Assisi? Persönlich kannten wir ihn nicht näher. Natürlich redeten alle von ihm, besonders weil sein Vater sich so aufregte. Franz hatte ja das väterliche Tuchgeschäft einfach verlassen, um mit einigen Gesinnungsgenossen nach dem Evangelium zu leben. Predigen wollten sie vom armen Jesus. Der Papst hatte ihre Gemeinschaft sogar erlaubt – wenn auch nur vorläufig.
Viele sagen, dass Franz der Clara den Kopf verdreht hat mit seinen Ideen. Das stimmt so nicht. Clara ist ganz allein auf ihren Lebensstil als Büßerin und auf die Prägung unseres Lebensstils gekommen.
Ich wollte einpacken. Aber die Erinnerungen tun mir gut. Das Haus wird für mich wieder lebendig.

Ja, Clara lernte Franz 1210 genauer kennen. Da war sie bereits 16 Jahre alt. Sie überlegte, ob eine Gemeinschaft, wie Franz sie gegründet hatte, nicht noch besser zu ihr passen würde als unsere Hausgemeinschaft. Ich versuchte, sie von der Idee abzubringen. »Du kannst doch nicht mit Männern zusammenleben.« – »Nein, aber ich kann parallel dazu eine Frauengemeinschaft gründen.« – »Du kannst doch nicht im Land umherziehen und predigen.« – »Nein. Leider nicht.« – »Dein Vater wird dich nicht ziehen lassen.« – »Dann fliehe ich eben.« Und so geschah es. Clara verabredete sich mit Franz in der Palmsonntagsnacht des Jahres 1212. Ich war gerade in Rom. Ja, ich wünschte wirklich, ihr und ich hätten miterlebt, was geschah.
Ihr könnt euch vielleicht vorstellen, was am nächsten Morgen los war! Clara fort! Und als herauskam, dass sie ihr Erbteil den Armen geschenkt hatte! Aber das war typisch Clara: überlegt und konsequent in ihren Plänen.
Natürlich setzten die Verwandten jetzt alles daran, sie zurückzuholen. Aber sie hatte sich bereits in einem Benediktinerinnenkloster versteckt. Als sich alle zähneknirschend mit ihrer Hartnäckigkeit abgefunden hatten, gründete sie in San Damiano eine Frauengemeinschaft. Und stellt euch vor, nach und nach zogen alle Frauen hier aus dem Haus ihr nach. Sogar ihre Mutter! Nur ich kann aus familiären Gründen nicht mit.
Ja, ich muss nun weiterräumen.
Clara – sie hat ganz genau gewusst, wie sie ihr Leben gestalten wollte. Und sie hat ihren Lebensplan durchgesetzt.
Ihre reiche Herkunft – auf die hat sie gepfiffen. Und dafür hat sie etwas gewonnen: eine eigene Lebensperspektive.
(Karton »Herkunft« abräumen. Dafür einen Karton mit der Aufschrift »Eigene Lebensperspektive« aufstellen.)

II Erzählung (Karton Kapital)

Clara gründet eine Frauengemeinschaft. Sie lebt bei San Damiano, einem Kirchlein, das Franz von Assisi erneuert hat.

Die kirchlichen Gremien sind der Gemeinschaft durchaus wohlgesonnen, aber sie wollen sie nach ihren Vorstellungen gestalten. Besonders das Armutsideal bietet einen Angriffspunkt. Die Frauen wollen keinen Besitz, kein Kapital sammeln. Wiederholt treten sie in den Hungerstreik, um sich durchzusetzen. Sie wissen sich mit Franz von Assisi verbunden, der sagte:

»Wollten wir etwas besitzen,
so müssten wir auch Waffen unserer Verteidigung haben.
Daher kommen ja die Streitereien und Kämpfe,
die die Liebe zu Gott und zu Mitmenschen hindern.
Darum wollen wir in der Welt auch nichts Irdisches besitzen.«

Wort Claras

Wer auf Kapital verzichtet, gewinnt eine »fröhliche Armut«.
Deshalb sagt Clara:

O selige Armut!
Denen, die dich lieben und umfangen,
schenkst du ewigen Reichtum!

O heilige Armut!
Wer dich hat und ersehnt,
dem ist von Gott das Himmelreich verheißen
und dem wird ohne Zweifel ewiger Glanz
und ewiges Leben zuteil!

O zärtliche Armut!
Dich hat der Herr Jesus Christus
über alles umarmen wollen:
Er,
der Himmel und Erde beherrschte und beherrscht:
Der sprach, und sie waren!
(Karton »Kapital« wegnehmen. Karton mit der Aufschrift »Fröhliche Armut« hinstellen.)

III Bildbetrachtung (Karton Ausbeutung der Schöpfung)

(Dia mit Naturmotiv)

Woher nimmt Clara die Kraft zum Durchhalten? Sie versetzt sich immer wieder in den armen und leidenden Christus hinein, aber auch in fröhliche Vorstellungen wie die Weihnachtsgeschichte und Bilder von der Schöpfung. Sie kann daraus keine anderen Konsequenzen ziehen, als arm zu leben und ein herrschaftsfreies Zusammenleben zu praktizieren. Je mehr sie sich in Bilder der Schöpfung hineinversetzt, desto deutlicher wird ihr – wie ja ebenso Franz –, dass wir kein Recht haben, uns über Tiere und Pflanzen selbstherrlich zu erheben.

(Karton »Ausbeutung der Schöpfung« ersetzen durch Karton mit der Aufschrift »Freude an der Schöpfung«.)

IV Erzählung und Legende (Karton Hierarchie)

Einen weiteren Angriffspunkt bildete Claras Vorstellung von einer Gemeinschaft. Sie sollte möglichst gleichberechtigt, lebendig sein. Sie wehrte sich so lange wie möglich gegen die Einführung einer hierarchischen Ordnung.

Typisch für Clara ist folgende Legende:

Ein Bruder aus England, Professor der heiligen Theologie, predigte einmal in Anwesenheit der heiligen Clara und des Bruders Ägidius im Kloster San Damiano. Mitten in der Rede rief Bruder Ägidius voller Leidenschaft: »Schweig, Professor, schweig, denn ich will predigen!« Sofort schwieg jener. Und in der Leidenschaft des Geistes Gottes fand Bruder Ägidius köstliche Worte.

Nach einer Weile sagte er zum Professor: »Vollende nun deine Rede, Bruder, die ich begonnen habe.« Und der Professor nahm seine Rede wieder auf und führte sie zu Ende. Als die selige Clara dies sah, sagte sie jubelnden Geistes: »Heut hat sich der Wunsch unseres heiligsten Vaters Franziskus erfüllt. Einst sagte er zu mir: Ich wünschte sehr, die Kleriker unter meinen Brüdern wären so demütig, dass ein Professor der Theologie seine Predigt unterbräche, wenn ein Laie das Wort wünscht.

Ich sage euch, Brüder, mehr, als wenn ich ihn Tote auferwecken sähe, baut mich dieser Professor auf.«
Claras Ideal ist es, statt Hierarchie eine lebendige Gemeinschaft der Gleichberechtigten zu gewinnen.
(Karton mit der Aufschrift »Hierarchie« gegen den Karton mit der Aufschrift »Lebendige Gemeinschaft« austauschen.)

Lied
Ich will den Herren loben allezeit
(EG 335)

Gruppengespräch
Was können wir heute von Claras Vorstellungen umsetzen?

Lied
Lass uns in deinem Namen
(Mein Liederbuch 2, B 223)

Gebet
O selige Armut!
Denen, die dich lieben und umfangen,
schenkst du ewigen Reichtum!

O heilige Armut!
Wer dich hat und ersehnt,
dem ist von Gott das Himmelreich verheißen
und dem wird ohne Zweifel ewiger Glanz
und ewiges Leben zuteil!

O zärtliche Armut!
Dich hat der Herr Jesus Christus
über alles umarmen wollen:
Er,
der Himmel und Erde beherrschte und beherrscht:
Der sprach, und sie waren!

Vaterunser

Segen

Der himmlische Vater gebe euch
seinen heiligsten Segen.
Er bringe ihn kraftvoll zur Geltung
im Himmel und auf Erden
(...)
Seid immer
Liebhaberinnen eurer eigenen Seele
und der Seelen eurer Mitschwestern.
Und seid immer besorgt zu beobachten,
was ihr dem Herrn versprochen habt.

Der Herr
sei mit euch,
und ihr sollt immer mit ihm sein.
(Clara von Assisi)

Praktische Hinweise

· *Grobe Stoffreste zuschneiden (Sackleinen).*
· *Wandzeitung vorbereiten (Makulaturpapier auf Stellwänden).*
· *Große Kartons mit folgenden Aufschriften bekleben: Herkunft, Kapital, Ausbeutung der Schöpfung, Hierarchie, Eigene Lebensperspektive, Fröhliche Armut, Freude an der Schöpfung, Lebendige Gemeinschaft*
· *Dia oder Kunstpostkarten mit Naturmotiv besorgen.*

Vorschlag für Gruppen

»Keine Bitternis, kein Nebel überschwemme dich«

Einführung

Zuweilen ist ein Nebelspaziergang bedrückend und unbehaglich. Die feuchte Luft lässt uns kaum atmen. Unvermutet und vereinzelt tauchen hier und da Häuser und Bäume auf. Menschen huschen schattenhaft vorbei.
Für Clara von Assisi erschien Bitterkeit wie ein Nebel, der sich auf unsere Seele legt und Lebensfreude erstickt. Sie lässt vereinsamen, weil wir unseren Mitmenschen nur noch misstrauen. Wie ein Nebelgrau verdunkelt Bitterkeit die freundlichen Züge anderer Menschen.
Es ist nicht einfach, sich vor Bitterkeit zu hüten, wenn der Alltag mit Ärger und Enttäuschungen durchsetzt ist. Clara erfuhr sie. Sie rief sich dann gegen das Nebelgrau leuchtende Bilder ins Gedächtnis, in die sie sich hineinlebte: die Weihnachtsgeschichte, auch Blumengärten oder einen schönen Sonnenuntergang. Der Nebel flüchtet vor diesen leuchtenden Bildern.

Austausch

Welche Bilder, Symbole, Geschichten, Rituale helfen mir aus meiner eigenen Erfahrung gegen »Bitterkeit und Nebel«?

Gestalten

Die Teilnehmerinnen erhalten graue Tonpapierblätter.
Sie verwandeln das Nebelgrau mit Farben, die sie mit ihren Symbolen, Geschichten, Ritualen etc. assoziieren, oder auch mit farbig geschriebenen Stichworten in ein Bild voller Leuchtkraft.

Lied

Laudato si

(Mein Liederbuch 1, B 10)

Die Bildwelt der Clara von Assisi

- *Bilder mit Schöpfungsmotiv und zur Weihnachtsgeschichte zu den eigenen Bildern legen.*
- *Hinweis auf ihre Bildwelt.*

(s. Gottesdienst, Bildbetrachtung)

Bibellesung

Einer der Texte, die zu dem Bild passen, wird wahlweise gelesen: die Schöpfungsgeschichte (1. Mose 1–2) – die Weihnachtsgeschichte (Lukas 2) – Psalm 104

Lied

Laudato si

(Mein Liederbuch 1, B 10)

Eventuell mit einfachen Tanzschritten

Abschluss

Der Wunsch Claras
»Keine Bitternis, kein Nebel überschwemme dich«
wird mit auf den Weg gegeben.

Praktische Hinweise

- *Bildkarten zusammenstellen.*
- *Graue Tonpapierblätter, Farben und Stifte bereitstellen.*

Elisabeth von Thüringen

(1207 – 1231)

Allzu viele Worte sind nicht von Elisabeth von Thüringen überliefert. Eher regte ihr Leben zur Auseinandersetzung an. Die Landesgräfin, die nach dem Tode ihres Mannes nicht mehr am Hofe geduldet wird und in die Armut zieht – das lud zur Legendenbildung ein. Unter den wenigen bekannten Worten Elisabeths lässt sich eine Haltung entdecken, die am franziskanischen Glaubensverständnis geschult ist. Sie weisen in soziale und gesellschaftliche Verantwortung und knüpfen damit an Clara von Assisi an, ergänzen und vertiefen deren Gedanken. Elisabeths bildhafter Ausspruch: »Wir sind die Schnecken, die sich in ihr Haus zurückziehen, wenn es regnet« bedenkt überdies die schwierige Durchhaltekraft in Glauben und Engagement.

In der Gruppenarbeit stehen auch Legenden, die ja Hinweise auf das spirituelle Engagement Elisabeths vermitteln, im Zentrum. Sie eröffnen die Möglichkeit, die Person hinter der Überlieferung zu entdecken und mit ihr »ins Gespräch zu kommen«: »Was ich Elisabeth sagen möchte.«

»Tut nur, was ihr für gerecht haltet« –
Elisabeth von Thüringen

Einstimmung

(Vorne hängt ein großes Poster mit der Abbildung einer Burg.)
Eine Burg lenkt unsere Blicke auf sich. Sie wirkt wehrhaft und abweisend. Ihre Bewohnerinnen und Bewohner – so scheint es uns – sind bereit, allen Angriffen standzuhalten. Sie bieten ihren eigenen Leuten Schutz. Mit denen, die von außen eindringen wollen, kennen sie kein Pardon.
»Tut nur, was ihr für gerecht haltet«, sagte einst eine Fürstin auf so einer Burg. Die Anwesenden werden zustimmend genickt haben. Ja, natürlich tun wir das. Und gerecht ist, was wir für Recht halten und was uns unmittelbar nützt.
Ja, so ist es.
Sie werden sich wundern ...

Lied

Wohl denen, die da wandeln
(EG 295)

Psalmenlesung

Psalm 36,6–10

Gebet

Wo Liebe ist und Weisheit,
da ist nicht Furcht noch Unwissenheit.
Wo Geduld ist und Demut,
da ist nicht Zorn noch Verwirrung.
Wo Armut ist mit Fröhlichkeit,
da ist nicht Habsucht noch Geiz.
Wo Ruhe ist und Betrachtung,
da ist nicht Aufregung und unsteter Geist.

Wo Erbarmen ist und Besonnenheit,
da ist nicht Übermaß noch Verhärtung.

Schenke uns Einsicht in diese Worte, Gott,
und gib uns Kraft, sie zu bewahren.
(nach Franz von Assisi)

Bibellesung
Jesus Sirach 4,1–11

Lied
Hilf, Herr meines Lebens
(EG 419)

Ansprache
(Vorne hängt ein Poster oder es wird ein Dia gezeigt von einem festlichen Speisesaal.)
Ein Galaessen findet statt. Prominenz aus Adel und Regierung hat sich eingefunden. Als Gastgebende präsentieren sich der Landgraf und die Landgräfin von Thüringen.
Bedienstete tragen Speisen und Getränke auf. Da fragt die Landgräfin laut und vernehmlich: »Woher kommen die Speisen und Getränke?« Die Unterhaltung verstummt. Der Bedienstete zögert mit der Antwort. Doch seine Herrin lässt nicht locker. Schließlich muss er zugeben: das meiste wurde bei Raubzügen und Plünderungen den Armen entrissen. »Nun«, entgegnet die Landgräfin, »dann werde ich heute weder essen noch trinken können. Denn Raub, Plünderungen und Erpressung sind stark verantwortlich für die Armut in diesem Land.« Sie sitzt also hungrig an der Tafel. Doch strahlt sie eine heitere Gelassenheit aus. Nur die Stimmung der anderen ist dahin.
Diese Frau wird später einmal heilig gesprochen werden. Sie verblüfft uns. Sie zerstört das Bild, das viele Menschen von Heiligen kennen – sie seien sanft, mild, wohltätig, ohne anderen wehzutun.

Diese Frau zeigt sich unbequem, stellt unbequeme Fragen. – Sie verteilt nicht einfach nur ein paar Almosen, um Not zu lindern. Sie forscht nach den Ursachen der Not.
Sie eckt oft damit an. Ihre Person zeigt Ecken und Kanten. Wie bei dem Festmahl, bei dem ihre Konsequenz die Stimmung verdirbt.
Später mildern andere, vergleichsweise harmlose Legenden das scharfe Profil dieser Frau, der Elisabeth von Thüringen. Doch sie provoziert. Nicht aufdringlich und schrill – nein, ruhig und ausgeglichen. Jedoch: Sie ist hartnäckig. Hartnäckig verlangt sie von den Menschen damals, verlangt sie von den Menschen heute, sich nicht mit ein paar wohltätigen Werken oder Spenden zufriedenzugeben.
Sie fordert dazu auf, die Ursachen und die Verantwortlichen für elementare Not zu erkunden.
Menschen wie Elisabeth sind wichtig. Gerade heute, wo wahre Ursachen für Not und Existenzangst oft vertuscht und vernebelt werden. Wo Betroffene unversehens zu Verantwortlichen erklärt werden. Wo man dreist Unrecht für Recht verkauft.
Elisabeth gehört demgegenüber zu den Menschen, die in die göttliche Welt hineinlauschen. Daraus zieht sie Konsequenzen. Sie stellt sich auf die Seite der Armen.
Durch ihr Beispiel fordert sie bis heute auf:
»Du sollst nicht herabsehen auf deine Brüder und Schwestern zur Zeit ihres Elends. Du sollst nicht herabsehen auf ihr Unglück in der Zeit des Jammers. Du sollst nicht nach ihrem Gut greifen in der Zeit ihres Jammers.«
(Obadja 12f)

Lied

Selig seid ihr
(Mein Liederbuch 1, B 97)

Wort Elisabeths

Elisabeth wusste, wie schwer es uns fällt, unser Engagement durchzuhalten:

»Wir sind wie Schnecken, die sich in ihr Haus zurückziehen, wenn es regnet.
So gehen wir nur den Weg zurück, den wir gerade angetreten haben.«

(Elisabeth von Thüringen)

Zeit zum Nachdenken

(Ein Poster mit einem einfach gezeichneten Schneckenhaus wird aufgehängt.)
Die Gottesdienstbesucherinnen und -besucher erhalten eine Schneckenskizze. Sie schreiben in Stichworten hinein, welche Situationen ihnen im Zusammenhang mit dem Schneckenwort einfallen (z.B. in Bezug auf die Gemeinde oder andere Lebensbereiche).

Vorlesen

Das Problem »Rückzug oder nicht« stellt sich auch in der eigenen Glaubenspraxis und in der Praxis der Kirche.
Ein Text aus dem Leben Elisabeths und ihres Seelenführers Konrad von Marburg spiegelt es wider: »Elisabeth hatte die Gewohnheit, den Armen viel auf einmal zu schenken. Da Magister Konrad ihr verboten hatte, einem Notleidenden mehr als einen Groschen zu geben, bemühte sie sich eifrig, nach und nach zu ergänzen, was sie in einem Male nicht geben durfte.
Als Magister Konrad dies merkte, gebot er ihr, künftig kein Geld mehr zu verteilen, sondern Brot. Weil sie nun die Brotspenden vermehrte, befahl er ihr, nur kleine Stücke von Broten zu verschenken.
In allem gehorchte sie mit großer Bereitwilligkeit. Einmal trug Magister Konrad ihr auf, vom Gang zum Besuch eines Einsiedlers umzukehren; da antwortete sie dem Boten: »Wir sind wie Schnecken, die sich in ihr Haus zurückziehen, wenn es regnet. So gehen wir nur den Weg zurück, den wir gerade angetreten haben.«

Überleitung zur Diskussion

Elisabeth kannte das Problem: Wir engagieren uns und kehren dann doch wieder um. Bei ihr war es der Beichtvater, der die Umkehr veranlasste. Bei uns sind es andere Gründe.

Diskussion

Wo haben wir uns engagiert?
Was hat uns zurückgehen lassen?
In einem zweiten Schritt kann eine konkrete Situation in der Gemeinde Thema sein. Gründe für den Rückzug reflektieren und nach Lösungsmöglichkeiten fragen.

Lied

Hilf, Herr meines Lebens
(EG 419)

Abschluss

Elisabeth antwortet ihrem Beichtvater:
»Ich werde das tun, worin du mir nicht widersprechen und wovon du mich nicht zurückhalten kannst, weil du weißt, dass ich den Mahnungen Gottes nicht zuwiderhandeln darf.«

Lied

Du bist da, wo Menschen wohnen
(Mein Liederbuch 2, C 42)

Gebet

Nach: Mein Liederbuch 2, B 171
»Dein Reich komme«

Vaterunser

Segen

Der ewige Gott gebe dir Wurzeln, die dich tragen,
Flügel, die dich ins Weite führen,

Ohren für das Unhörbare,
Augen für das Unsichtbare,
Hände, um Gutes zu tun,
und Füße, um zu ihm heimzukehren.

Praktische Hinweise

- *Zwei Poster und Dias besorgen: Burg – Speisesaal.*
- *Schneckenmotiv zeichnen und in Kartengröße kopieren.*

Vorschlag für Gruppen

Was ich Elisabeth sagen möchte

Einstimmung

Sammeln, was Teilnehmerinnen über Elisabeth bekannt ist (Legenden, Wartburg-Besuch, Ausstellungen)

Arbeit mit Postkarten

- *Bilder mit Darstellungen Elisabeths auslegen.*
- *Die Teilnehmerinnen wählen sich eines aus.*
- *Drei bis vier Frauen, die beieinander sitzen, erzählen sich, warum sie dieses Motiv gewählt haben, was sie daran anspricht.*
- *Gemeinsames Überlegen, was die jeweilige Darstellung bewirken will.*

Plenum

Sammeln der Eindrücke, die von Elisabeth vermittelt werden.

Gruppenarbeit

Drei Gruppen erhalten einen unterschiedlichen Text über Elisabeth. Auch wenn sie Legendenhaftes enthalten, sagen sie Wesentliches über sie aus.

- *Text 1: »Bettelarm sein«*
- *Text 2: »Das schmale Brett«*
- *Text 3: »Nicht wie die Schnecken« (s. Gottesdienst)*

Gemeinsames Lesen. Fragen: Wie wird Elisabeth dargestellt? Wie wirkt sie auf uns? Korrigiert der Text unsere Vorstellungen von ihr?

Legenden

»Bettelarm sein«

Immer sprach Elisabeth mit ihren Dienerinnen von der Armut, brachen solche Worte doch wie von selbst aus dem Sehnen ihres

Herzens hervor. Und weil die Leidenschaft des Herzens sich notwendig irgendwie im Tun Ausdruck verschafft, zog sie einmal vor ihren Dienerinnen im Palast ihre Gewänder aus, hüllte sich in irgendeine unansehnliche Decke, bedeckte den Kopf mit Lumpen, zeigte sich ihnen als Arme und sagte zu ihnen ahnenden Herzens, wie eine Prophetin ihres künftigen Standes: »So werde ich dereinst einhergehen, wenn ich für meinen Gott Not und Elend leiden werde. Was dann auch Wirklichkeit wird, wie sich zeigen wird!« Damals aber, als es vorhergesagt ward, prangte sie in der Blüte der Jugend. Die Blüte weltlicher Ehre dagegen war bereits abgefallen und vertrocknet im Herzen.

»Das schmale Brett«
Eines Tages begegnete Elisabeth einer alten Frau, die oft Almosen von ihr empfangen hatte. Elisabeth befand sich auf dem Weg zur Kirche und war gerade an einer engen Stelle auf dem Weg angekommen. Man hatte flache Feldsteine in den Schlamm der Straße gelegt. Auf ihnen ruhte ein Brett, um das Überqueren des Weges überhaupt möglich zu machen. Gerade hier begegneten die beiden Frauen sich. Aber die alte Frau trat nicht beiseite, wie sie es wohl sonst getan hätte, als Elisabeth noch reichlich Almosen verteilte. Stattdessen stieß sie Elisabeth in den Schlamm, sodass diese hinfiel und alle ihre Kleider vom Dreck verschmutzt waren. Elisabeth jedoch stand gelassen auf, und ungeachtet der Leute, die lachend um sie herumstanden, ging sie zu einem Brunnen und wusch ihr Gewand – heiter und unbefangen.

Plenum
Vorstellen der Texte und der wesentlichen Gruppenergebnisse.

Einzelarbeit
Jede Frau schreibt einen kurzen Brief an Elisabeth oder notiert Stichworte, nennt einen wesentlichen Aspekt: Was ich Elisabeth sagen möchte.

Wandzeitung herstellen

Die wichtigsten Ergebnisse werden auf große Bögen geschrieben und auf Stellwänden zu einer Wandzeitung zusammengestellt und im Gemeindehaus bzw. in der Kirche ausgehängt.

Abschlusslied

»Selig seid ihr«

(Mein Liederbuch 1, B 97)

Praktische Hinweise

- *Postkarten mit Darstellungen Elisabeths zusammenstellen*
- *Legenden und Ausspruch vervielfältigen*
- *Briefbögen und Stifte bereitlegen*
- *Große Bögen Papier und Stellwände vorbereiten*

(Dieser Entwurf erschien zuerst in der Arbeitshilfe »Glaubens-Courage« – Elisabeth von Thüringen. © LOGO Buchversand GmbH, Theodor-Neizert-Str. 10, 56170 Bendorf)

Mechthild von Magdeburg

(um 1208 – 1282/97)

Das Werk gehört zu den Höhepunkten deutschsprachiger Mystik:

»Das fließende Licht der Gottheit« der Mechthild von Magdeburg. Eine ungeheure Sprachkraft zeichnet es aus, eine Bildhaftigkeit, die in ihren Bann zieht. Immer neu ringt Mechthild darum, ihrem Gottesverständnis Ausdruck zu verleihen.

Wir haben für diesen Gottesdienst einige lyrische Texte ausgewählt, um mit ihnen über unsere eigenen Gottesbilder nachzudenken und Impulse aus dem »Fließenden Licht« aufzunehmen. Aber auch die Biografie dieser Mystikerin lädt zum Nachsinnen ein. Ein fiktiver, mit Originalzitaten verbundener Monolog Mechthilds und die Ansprache setzen hier Akzente.

In der Gruppenarbeit wird besonders die »Musikalität« von Mechthilds Sprache im Gottesdienst betont. Dazu wird mit Instrumenten und mit Farben experimentiert.

Gottesdienstentwurf

»Du bist ein Leben meiner Lebendigkeit« – Mechthild von Magdeburg

Begrüßung

»Und wie die Gottheit klingt und die Menschheit singt und der Heilige Geist die Harfen des Himmels spielt, dass alle Saiten erklingen.«

(Mechthild von Magdeburg)

Mit diesen Worten möchten wir Sie zu unserem Gottesdienst begrüßen. Sie klingen schwungvoll und bewegend. Sie klingen anders als Worte von einem ernsten, dunklen Gott, der vielleicht manchem und mancher von uns vermittelt wurde. Wir möchten Sie einladen, sich mit uns in diese Bewegung hineinnehmen zu lassen und diesem Gott zu folgen.

Lied

Großer Gott, wir loben dich

(EG 331)

Psalmenlesung

Psalm 103,2

Gebet

Wir loben dich, Herr,
dass du uns erquickt hast in deiner Güte.
Wir loben dich, Herr,
dass du uns geordnet hast in deiner Weisheit.
Wir loben dich, Herr,
dass du uns beschirmt hast mit deiner Macht.

(Mechthild von Magdeburg)

Lied

Lobe den Herren, o meine Seele

(EG 303)

Erinnerungsarbeit

Welche Gottesbilder haben mich geprägt? Waren es gelöste – wie bei Mechthild – oder eher dunkle?
Dazu erhalten alle einen »Lebensfaden« mit drei Stationen: drei Kreise, aus hellem Papier ausgeschnitten, gelocht und auf einem Wollfaden aufgezogen. Jede Station kennzeichnet einen Lebensabschnitt (z.B.: Kindheit – Jugend – mittlere Jahre).
Die Gottesdienstbesuchenden schreiben ein Stichwort zu ihrem Gottesbild im jeweiligen Alter auf die Kreise. In kleineren Gruppen erzählen sie einander von ihren Prägungen.

Monolog

Wir stehen vor den Toren Magdeburgs und beobachten eine junge Frau, die anscheinend zögert, in die Stadt hineinzugehen.
(Monolog Mechthilds vor den Toren Magdeburgs)

»Wie groß die Stadt ist
und wie verwirrend!
Die vielen Menschen ...!
Fast möchte ich zurückschrecken.
Aber zuhause auf der einsamen Burg werde ich keine Einsamkeit finden.
Keine Einsamkeit zum Schreiben.
Ich bin den Menschen dort sehr lieb.
Doch sie verstehen nicht,
dass ich allein sein muss,
allein mit Gott.
»Wer kann die Menschheit so sanft bezwingen,
wer kann die Seele so leicht entrücken,
wer kann die Sinne so erhaben erleuchten
wie Gott, der sie erschaffen hat?«

Hier im Straßengewimmel wird mich niemand finden.
Niemand wird mich beachten.
Ich werde allein sein
unter all den Menschen.
»Ich lobe dich auf allen Wegen,
Gott, für deine edle Güte.«

Vor dem Schreiben wurde ich gewarnt.
Ich wurde belehrt:
Mein Buch werde in Flammen aufgehen.
Doch Gott sprach zu mir:
»Die Wahrheit kann niemand verbrennen.
Wer mir das Buch aus der Hand nehmen will,
muss stärker sein als ich.«

Gott, du befahlst mir zu schreiben.
Und nichts wird mich hindern.
»So wenig, wie man einen heißen Ofen
am Backen hindern kann,
wenn man ihn ganz voll weißer Semmeln packt.«

»Der Fisch kann im Wasser nicht ertrinken,
der Vogel in den Lüften nicht versinken,
das Gold ist im Feuer nicht vergangen,
denn es wird dort Klarheit und leuchtenden
Glanz empfangen.
Gott hat allen Kreaturen das gegeben,
dass sie ihrer Natur gemäß leben.
Wie könnte ich denn meiner Natur widerstehen?
Ich muss von allen Dingen hinweg zu Gott hingehn.«

Information

In Magdeburg lebte im 13. Jahrhundert diese ungewöhnliche Frau, über deren Leben wir kaum etwas wissen.
Bekannt ist uns, dass sie alleine ohne den Schutz von Familie oder Kloster zurechtkam – ein ungewöhnlicher Lebensstil für eine Frau der damaligen Zeit!
Erst im Alter zieht sie sich in das Kloster Helfta zurück – und inspiriert die Nonnen zu schriftstellerischen Leistungen.
Noch nicht geklärt ist bis heute, ob ihr eigenes schriftstellerisches Werk »Das fließende Licht der Gottheit« auf die Bildwerke des Magdeburger Doms Einfluss genommen hat.
Ein ungewöhnliches Buch ist es. Mit einer lebendigen und kühnen Sprache, die ihresgleichen sucht, erzählt Mechthild in Zwiegesprächen und in Versen von einer Liebesbeziehung zwischen Gott und der Seele. Welch eine Bewegung geht von diesem Gott aus:
Die Gottheit singt und klingt, sie brennt und fließt.
Die Seele wird hineingenommen in diese Schwingungen wie in einem bewegten Tanz.

»Und wie die Gottheit klingt
und die Menschheit singt
und der Heilige Geist die Harfen
des Himmels spielt,
dass alle Saiten klingen.«

So eine Sprache tut mir gut. Meine Tradition predigte vor allem einen ernsten, strengen Gott, der sich niemals so an der Seele freuen konnte wie Mechthilds Gott:

»Du bist ein Licht vor meinen Augen,
du bist eine Harfe meiner Ohren,
du bist ein Leben meiner Lebendigkeit.«

Nachdenken über Mechthilds Gottesbilder

Im Raum werden große Bögen mit je einem Wort zum Gottesbild Mechthilds aufgehängt oder ausgelegt.
Die Teilnehmenden gehen umher, schauen sich die Vergleiche an und sammeln sich jeweils unter dem Bild, das sie am meisten anspricht. Sie tauschen sich aus, woran sie dieses Bild erinnert und warum es für sie wichtig ist.
Zwischen die Bögen werden leere Blätter gelegt. Wer möchte, schreibt ein eigenes Gottesbild auf.

Zeit zum Anschauen

Instrumentalmusik

Vertiefende Gedanken

Mechthilds Gottesbilder könnten uns dazu verführen, sie für eine Optimistin zu halten, die die Welt verklärt sah und sich nur auf das Schöne konzentrierte. Das Gegenteil ist der Fall:
Wer etwas von einer Leuchtkraft gespürt hat, sieht die Schatten sehr viel deutlicher. Mechthild wusste, was Gott für uns tut. So hat Gott uns, so sagt sie, wunderbar geschaffen: »Wir loben dich, Herr, dass du uns geordnet hast nach deiner Weisheit.« Dennoch achten sich Menschen untereinander nicht als Geschöpfe Gottes. Mechthild erfährt es selbst. Sie schreibt an einem Buch. Neid und Besserwisserei vergällen ihr das Leben. Ihre Begabung erweckt Missgunst. Dem Buch droht sogar der Scheiterhaufen. Das alles wäre nicht auszuhalten, wenn nicht von Gott her Kraft und Hilfe ausginge. Er beschenkt sie mit einem Menschen, der sich tatkräftig für ihr Werk einsetzt. Aber auch Gottes Nähe selbst spürt sie völlig unerwartet. Er erquickt sie auf ihrem mühsamen Weg. »Wir loben dich, Herr, dass du uns erquickt hast in deiner Güte.«

Lied

Ich will den Herrn loben allezeit
(EG 335)

Gebet

(gemeinsam gesprochen)
Wir loben dich, Herr,
dass du uns erquickt hast in deiner Güte.
Wir loben dich, Herr,
dass du uns geordnet hast in deiner Weisheit.
Wir loben dich, Herr,
dass du uns beschirmt hast mit deiner Macht.
Wir loben dich, Herr,
dass du uns geheiligt hast durch deinen Adel.
Wir loben dich, Herr,
dass du uns erleuchtet hast in deiner Vertraulichkeit.
Wir loben dich, Herr,
dass du uns erhöht hast in deiner Liebe
über alle Kreaturen.
(Mechthild von Magdeburg)

Vaterunser

Segen

Gott spricht:
Alle deine Wege sind bemessen,
alle deine Fußspuren sind gezählt,
dein Leben ist geheiligt,
dein Ende wird fröhlich,
und mein Reich ist dir ganz nahe.
(Mechthild von Magdeburg)

Praktische Hinweise

- *Kreise aus hellem Tonpapier ausschneiden, lochen und je drei auf Wollfäden fädeln.*
- *Papierbögen und Stifte bereitlegen.*
- *Gebet kopieren.*

Vorschlag für Gruppen

»Und wie die Gottheit klingt«

Einstimmung

In der Mitte liegen Gegenstände, die auf Musik hinweisen: Musikinstrumente, Notenblätter, Liederbücher, CDs ...
Die Teilnehmerinnen tauschen sich darüber aus, welche Rolle Musik in ihrem Leben gespielt hat.

Vertiefung

Musik und Glaube
Das Gespräch konzentriert sich auf die Frage: Ist Musik für meinen Glauben wichtig oder nicht so wichtig? Haben mich z.B. bestimmte Lieder begleitet? (Vielleicht können einige gemeinsam gesungen werden.) Erinnere ich mich an ganz bestimmte Situationen, in denen Musik eine Rolle spielt?

Vorlesen

Ein »musikalisches« Gottesbild
Einige Aussprüche Mechthilds werden langsam vorgelesen (vielleicht von mehreren Sprecherinnen):

»Die Seele spricht zu Gott:
Ich tanze, Herr, wenn du mich führst.
Soll ich springen, musst du anfangen zu singen.«

»Die Seele spricht zu Gott:
Nun hab ich dir gesungen,
noch ist es mir nicht gelungen;
wolltest du mir singen,
dann müsste es mir gelingen.«

»Und wie die Gottheit klingt
und die Menschheit singt

und der Heilige Geist die Harfen
des Himmels spielt,
dass alle Saiten klingen.«

Stilles Nachdenken über die Worte

Nochmaliges Lesen der Worte

Umsetzen der Worte in Farben und Klänge

Die Teilnehmerinnen teilen sich in zwei Gruppen. Eine Gruppe setzt ihre Empfindungen zu den Worten mit Orffschen Instrumenten in Klänge um, die andere Gruppe gestaltet sie in Farben. Je nach Vorliebe ist Einzel- oder Gruppenarbeit möglich. Es kommt nicht auf »künstlerische Leistungen« an, sondern auf die Wiedergabe dessen, was die Worte auslösen.

Abschluss

Zu Mechthilds Lebzeiten wurde der gotische Magdeburger Dom gestaltet. Hören einer Musikaufnahme aus dem Magdeburger Dom.

Praktische Hinweise

· *Gegenstände sammeln, die auf Musik hinweisen (Instrumente, Notenblätter, Liederbücher, CDs ...).*
· *Gesangbücher bereithalten.*
· *Orffsche Instrumente besorgen.*
· *Malutensilien zusammenstellen.*
· *CD mit Aufnahme aus dem Magdeburger Dom eventuell bestellen.* (Bestelladresse s. Anhang)
· *CD-Spieler bereitstellen.*

Angela von Foligno

(1248/49 – 1309

Angela von Foligno war eine finanziell privilegierte Frau. Sie führte das Leben, das in ihren Kreisen üblich war. Angefüllt mit Festen und Zerstreuungen. Doch sie war zu intelligent, um auf Dauer Erfüllung auf diese Weise zu finden. Ihre Hinwendung zu einer ausgeprägten Spiritualität mit starker Betonung des Kreuzes mögen wir als eine mittelalterlich durchaus übliche Umkehr betrachten. Aber es steckt mehr dahinter: Hier sucht eine Frau ihren eigenen Weg. Sie entdeckt ihn in der die Menschen damals selbstverständlich umgebenden Glaubenswelt. Hier ist für sie ein gewisses Maß an Eigenständigkeit möglich. Sie sammelt eine Gemeinschaft um sich und prägt sie im franziskanischen Geiste. Sie verfasst Schriften und wirkt als eine Art Mentorin. Sie geht bis an die Grenze dessen, was für Frauen der damaligen Epoche möglich war.

Ihr Leben gab uns das Thema des Gottesdienstes vor: den eigenen Weg suchen – den eigenen Weg im Glauben suchen.

In einer Gruppenveranstaltung bietet sich eine stärkere biografiegeschichtliche Reflexion der Teilnehmerinnen an.

Gottesdienstentwurf

Gottes Wege – eigene Wege – Angela von Foligno

Einstimmung

Psalm 107,1–9

Die Worte, die wir soeben hörten, entstammen einem Danklied. Eine Gemeinde sang sie in alter Zeit. Sie erinnerte sich an ihre Wege mit Gott. Sie dankte dafür, dass sie die Begleitung Gottes spürte.
Wir wollen heute einer Frau begegnen, die einen für uns ungewöhnlichen Weg ging. Vielleicht hätte sie am Ende ihres Lebens auch diese Dankworte sprechen können. Ungewöhnlich war ihr Weg. Wir wollen Sie einladen, uns bei dieser Begegnung zu begleiten und Impulse für den eigenen Lebensweg zu empfangen.

Lied

Bis hierher hat mich Gott gebracht

(EG 329,1–2)

Gebet

Gütiger Gott,
du gehst nicht achtlos an uns vorüber.
Du hältst an,
wartest auf uns
und begleitest uns auf unseren Wegen.
Wir danken dir dafür.
Wir bitten dich:
Lass uns aufmerksam bleiben
für dich
und deine Spuren in unserem Leben.
Verlass uns auch dann nicht,
wenn es Nacht um uns wird

und wir fürchten,
dich zu verlieren.
Stärke unser Vertrauen,
heute und immer.

Gruppenarbeit

Die Gemeinde setzt sich in Kleingruppen zusammen. Jede Gruppe erhält ein Poster mit einem Wegmotiv. Das Poster ist auf weißen Karton geklebt. Alle nennen, was sie mit dem Wegmotiv assoziieren. Ein Gruppenmitglied oder ein Mitglied der Vorbereitungsgruppe schreibt die Stichworte auf den Karton um das Poster herum.

Überleitung

Wir haben unsere Gedanken auf das Wegmotiv gelenkt. Ganz Unterschiedliches wird uns eingefallen sein. Manche denken an Wanderungen, erlebnisreich und anstrengend. Andere erinnern, wie sie umherirrten, um den richtigen Weg zu finden. Bilder von einsamen, furchteinflößenden Strecken mögen sich aufdrängen, von Strecken, die wir äußerst ungern gingen. Um den Weg ranken sich unzählige Vorstellungen. Kein Wunder, dass er zu einem Bild für unser Leben wurde. Wir sprechen ja von unserem Lebensweg. Wir wollen unseren ganz eigenen Weg finden. Aus Erfahrung wissen wir, wie schwierig das ist.
Wir möchten uns nun einem Lebensweg nähern, der von dieser Suche geprägt war.

Erzählung

Angela von Foligno lebte von 1248 oder 1249 bis 1309.
Die Schriften dieser umbrischen Mystikerin übten lange Zeit auch in Deutschland großen Einfluss aus. Zunächst verlief Angelas Leben, wie es damals in gutsituierten Kreisen üblich war: reiche Heirat, Kinder, gesellschaftliche Vergnügungen. Eine nachhaltige Erschütterung erfuhr sie durch den leidenden Christus. Ihre Lebensideale änderten sich. Verwirklichen konnte sie

diese nach dem Tod ihrer Angehörigen. Sechs Jahre nach ihrer Bekehrung wurde sie 1291 franziskanische Tertiarin. Ein Kreis von franziskanisch gesinnten Menschen sammelte sich um sie. Ihnen vermittelte sie mündliche und schriftliche Belehrungen. Ihren theologischen Mittelpunkt bildete das Kreuz Christi. Ihre Schriften wurden unter den Titeln »Memoriale« und »Instruktionen« zusammengestellt. Später fand sie Würdigung als »Lehrerin der Theologen« (»magistra theologorum«)
Angela wurde selig gesprochen. Am 4. Januar wird ihrer gedacht.

Partner/innengespräche

Wie wirkt diese Lebensgeschichte auf uns?

Lied

Wohl denen, die da wandeln
(EG 295)

Gedanken zum Lebensweg der Angela von Foligno

Ihre Lebensgeschichte hört sich an wie so manche erbauliche Legende aus dem Mittelalter: Sorglos wächst ein verwöhntes Mädchen aus Foligno in Umbrien heran. Es macht später eine »gute Partie«. Die junge Frau kann sich materiell jeden Wunsch erfüllen. Sie plänkelt zwischen Modefragen und Festen hin und her. Als sie sich dann dem vierzigsten Lebensjahr nähert, erfährt sie eine Bekehrung. Sie widmet sich fortan der Passionsfrömmigkeit und dem Dienst für die Armen.
Wir mögen achselzuckend an dieser Geschichte vorbeigehen. Mit dieser Biografie sollte den Menschen die »Umkehrung aller Werte« nahegebracht werden. Nun ja, so etwas kennen wir. Doch wenn wir genauer hinschauen, stutzen wir vielleicht: Selbst für mittelalterliche Zeiten befremdet etwas. Sehnlichst wünscht diese Frau, diese Angela von Foligno, nach ihrer Bekehrung den Tod ihrer Familie. Tatsächlich sterben kurz hintereinander ihr Mann, ihre Kinder und ihre Mutter. Jetzt fühlt sie sich frei.

Was verbirgt sich dahinter? Angela beschreitet ja zunächst vorgezeichnete Wege. Sie fügt sich dem, was in ihren Kreisen üblich ist. Sie kostet ihre Privilegien aus. Zufriedenstellen können sie diese intelligente Frau auf Dauer kaum. Einen Ausweg entdeckt sie in der die Menschen damals selbstverständlich umgebenden Glaubenswelt. Hier ist ein gewisses Maß an Eigenständigkeit möglich. Allerdings gelingt dies selten mit Familienbindungen. Brutal erscheint es uns heute, jemanden den Tod zu wünschen. Das Dasein hinter der glänzenden Fassade muss hart gewesen sein, wenn es diese Sehnsucht weckt. Einschränkend müssen wir allerdings bedenken: Das Leben nach dem Tod erschien damals verlockender und erstrebenswerter als die Frist der »Erdentage«.
In einem uns fremden Gewand verrät sich der Wunsch nach einer gewissen Selbstbestimmtheit. Angela verpflichtet sich in den franziskanischen Idealen der Armut und Nachfolge des leidenden Jesus als Tertiarin. Dabei ist sie nicht an ein Kloster gebunden. Sie verfasst theologische Schriften. Sie sammelt einen Kreis von Schülern um sich. Radikal gesinnte Franziskaner finden sich darunter. Ihre Kreuzestheologie mit ihrer selbstpeinigenden Art mag uns heute fern sein. Doch es gelingt Angela, sich damit als Frau zu Wort zu melden. Sie lotet die damals möglichen Grenzen bis an den Rand aus.

Lied

Die Zeit zu beginnen

(Mein Liederbuch 2, B 173)

Bildbetrachtung

Ein Poster mit einem Wegmotiv und ein Christusbild werden vorne aufgehängt. Es erfolgt ein Hinweis auf die Bedeutung, die Jesus Christus für den Lebensweg der Angela von Foligno hatte. Bei leiser Musik überlegt die Gemeinde, wie Jesus Christus den eigenen Lebensweg geprägt hat.

Beschriften

Wer möchte, schreibt Stichworte mit einem andersfarbigen Stift auf den Karton um das Wegmotiv.

Zeit zum Betrachten

Lied

Wir haben Gottes Spuren festgestellt

(Mein Liederbuch 1, B 80)

Meditativer Text

Ich blicke auf einen Weg.
Ein Weg, der beinahe die Zeit überdauert hat.
Ein steiniger Weg.
Ein Weg voller Chaos und Nüchternheit.
Ein schmerzlicher Weg.
Ein Weg voller Trauer und Freude.
Ein Weg, mit Liebe und Hass gepflastert.
Der Weg der tausendundeinen Abgründe.

Ich blicke auf einen Weg.
Ein Weg, der beinahe die Zeit überdauert hat.
Doch jedes Mal und des Öfteren,
wenn ich die Haltung verlor,
an das Aufgeben dachte,
warst du zur Stelle
und reichtest mir deine rettende Hand,
damit das Licht niemals erlischt.

Ich blicke auf meinen Weg, auf dich,
und stelle fest,
wie mächtig jener Anker geworden ist,
der mich in Zeiten der Unsicherheit
auf den einen Weg zurückwehte.

Ich blicke auf unseren Weg und sah verblüfft
die unzähligen goldenen Schritte im Sand auf dem Weg,
der zu unser aller Sehnsüchten führt.
(El Loko, Togo)

Kanon

Danket, danket dem Herren
(Mein Kanonbuch 50)

Gebet

Im Lichte des Glaubens erlange ich Weisheit.
Im Lichte des Glaubens bin ich stark, standhaft und beharrlich.
Im Lichte des Glaubens hoffe ich,
das lässt mich nicht schwach werden auf meinem Weg.
(nach Worten der Catarina von Siena)

Vaterunser

Segen

Wir bedenken das Wort der Angela von Foligno:
»Glaube nur den Worten, die dem Wandel Jesu Christi ähnlich sind und zur Nachahmung seines Lebens ermuntern und einladen.«
Wir vertrauen darauf, dass Gott uns auf diesem Weg begleitet, uns ermutigt und nicht allein lässt.
So segne uns Gott, uns und alle Menschen, denen wir begegnen.

Lied

Wenn wir jetzt weitergehen
(EG 168, 4)

Praktische Hinweise

· *Poster mit Wegmotiv vervielfältigen.*
· *Stellwände aufstellen*
· *Verschiedenfarbige Stifte bereitlegen.*
· *Christusbild besorgen.*

Vorschlag für Gruppen

»Glaubt nur den Worten, die dem Wandel Jesu Christi ähnlich sind.«

Biografiegeschichtlicher Einstieg

In der Mitte liegt ein großes Blatt mit der Aufschrift »Jesus Christus«. Die Gruppenmitglieder erhalten je einen Stapel kleiner Karteikarten, auf denen Begriffe geschrieben stehen, die wir mit Jesus Christus verbinden (z.B. Frieden, Heilung, Nächstenliebe ...). Die Teilnehmenden suchen sich Karten aus, die für sie wichtige Stichworte enthalten, aber auch solche, die ihnen Schwierigkeiten bereiten. Die Ersteren legen sie unterschiedlich nah an die Mitte, die Letzteren weiter entfernt hin.
Es stehen auch Leerkarten zur Verfügung für eigene Assoziationen. Es sollte genügend Zeit vorhanden sein, um zu erzählen und sich auszutauschen.
Es empfiehlt sich, eventuell Untergruppen zu bilden.

Information über das Leben der Angela von Foligno

Sie war eine Lebedame – Angela, das Kind vermögender Eltern, in Foligno (Umbrien) geboren. Armut und Sparsamkeit hatte sie als Kind nie kennengelernt. Die strahlende Schönheit war eine tanzfreudige Modenärrin, die – um es modern zu sagen – in jeder Boutique die teuersten und verwegensten Kostüme ausgesucht hätte. Sie heiratete einen reichen Gutsbesitzer, der alle ihre Wünsche zu erfüllen suchte. Hinein in dieses paradiesische dolce far niente geschah etwas scheinbar Zufälliges, Harmloses: Sie hörte um 1285 – rein zufällig – die Predigt eines Franziskaners in der Kirche San Feliciano in ihrer Heimatstadt. Plötzlich waren die Wertmaßstäbe ihres Denkens und Lebens wie ausgewechselt. Ihrem Mann erklärte sie, sie habe ein Gelübde der Keuschheit abgelegt! Gleichzeitig erlebte sie eine religiös aufregende und spannungsreiche Dialektik der Nähe, aber auch der Ferne Gottes. Sie musste durch einen Tunnel der Gottesfinsternis und dämonischer Versuchungen

gehen. Wie über den alttestamentlichen Hiob brach Unheil über Unheil über sie herein. Innerhalb kurzer Zeit starben ihre Mutter, ihr Mann und alle ihre Kinder.
Jetzt war Angela frei – frei für Gott, frei für die Not leidenden Mitmenschen. Ihren riesigen Besitz, ihren Schmuck, verkaufte sie und verteilte den Erlös an die Armen. 1290 trat sie in den Dritten Orden der Franziskanerinnen ein. Mystische Erlebnisse und bittere psychosomatische Leiden wechselten sich ab.
Ihr vielgeprüftes Leben war reif für die endgültige Begegnung mit Gott, als sie am Abend des 4. Januar 1309 mit 60 Jahren starb. Ihr vielbesuchtes Grab befindet sich in der Franziskanerkirche in Foligno.
Die Maler und Plastiker stellten sie dar als Franziskaner-Tertiarin (Mitglied des Dritten Ordens) oder auch in der Auseinandersetzung mit dem Teufel.
Angela von Foligno war eine »Ausgeflippte«, die auf den Anruf Gottes ein entscheidendes Ja der Veränderung ihres Denkens und Lebens sprach.

(aus: Alfred Läpple, Mit den Heiligen durch das Jahr, München 2000)

Partnergespräch

Je zwei Gruppenmitglieder tauschen sich aus über den Eindruck, den dieser Lebensweg bei ihnen hinterlässt.

Bildbetrachtung, Erzählung, Diskussion

Die Gruppenleiterin legt ein Bild des leidenden Jesus Christus in die Mitte. Sie weist darauf hin, welche wichtige Rolle dieses Motiv im Leben der Angela von Foligno gespielt hat.
Die Gruppe tauscht sich darüber aus, ob und wie dieses Motiv ihr eigenes Leben beeinflusst hat. War es eher hilfreich oder belastend? Wie integriere ich es heute in meinem Glauben?

Abschluss

»Glaubt nur den Worten, die dem Wandel Jesu Christi ähnlich sind.«

(Wort der Angela von Foligno)

Praktische Hinweise

- *Große Papier- oder Tonpapierblätter mit dem Stichwort »Jesus Christus« beschriften.*
- *Karteikarten vorbereiten mit Begriffen, die an Jesus Christus erinnern.*
- *Poster oder Bild mit Motiv des leidenden Christus auswählen.*

Gertrud die Große

(1256 – 1301/02)

Sie gehört zu den drei großen Mystikerinnen, die im Marienkloster zu Helfta lebten: Gertrud die Große. Eine Szene verdeutlicht im Gottesdienstentwurf die Beziehung zwischen Mechthild von Magdeburg, Mechthild von Hackeborn und Gertrud. Das Werk der Letzteren, »Der Gesandte der göttlichen Liebe«, trug ihr den Titel »die Große« ein. Allerdings schrieb sie nur den zweiten Teil dieses Buches selbst nieder, andere Abschnitte diktierte sie. Den Anfang und Ergänzungen für den Abschluss verfassten Mitschwestern nach ihrem Tod. Speziell im zweiten Teil befindet sich sprachliche Dichte und Beschwingtheit – besonders, wenn sie ihr Gottesverständnis und die Schöpfung thematisiert.

In einem Klostergarten erfährt Gertrud durch die Schönheit der Natur wichtige Einsichten für ihren Glauben. Wir haben daher das Thema »Lob der Schöpfung« in den Mittelpunkt des Gottesdienstes gestellt, luden ein zum Zuhören, Nachdenken und Singen.

In dem Vorschlag für die Gruppenarbeit steht ein Wort im Mittelpunkt, das Gertrud wichtig war: »Mein Gott, zu dir erwache ich früh morgens.« Es regt an, den Tagesbeginn zu reflektieren. Der Entwurf eignet sich auch als Baustein für Freizeiten.

»Wie ein blühender, duftender Frühling«
Gertrud die Große

Einstimmung

»Gott, du bist wie ein blühender, duftender Frühling.« – »Gott, du bist wie ein ewig grünender, duftender Blütenbaum.«

Diese Worte führen uns hinein in die Natur mit ihren Blüten, mit ihrem frischen Grün und dem Frühlingsduft.
Und: Diese Worte führen heran an eine Gottheit, die beschwingt und kreativ, überschwänglich und verschwenderisch ihre Schöpfung verschenkt und sich selbst durch sie ahnen lässt. Es sind Worte voller Poesie, geschrieben bereits im 13. Jahrhundert.Wer steckt hinter diesen Worten? Was kann uns ihre Verfasserin vermitteln? Wir wollen Sie einladen, mit uns ihren Spuren zu folgen.

Lied

»Dass du mich einstimmen lässt« (s. folgende Seite)

Psalmenlesung

Psalm 104

Gebet

Du Wahrheit, du Gott,
der du leuchtender bist als jedes Licht,
tiefer als jedes Geheimnis,
du hattest beschlossen,
die Nacht meiner Finsternis zu erhellen.
Alles, was der Saum des Himmels,
der Kreis der Erde
und die Tiefe des Abgrunds umfasst,
soll dir danken für deine Güte.

(Gertrud die Große)

Lied »Dass du mich einstimmen lässt«

Text und Melodie: Kommunität Gnadenthal aus: Mosaik – Lieder der Jesus-Bruderschaft, Gnadenthal. © Präsenz-Verlag, Gnadenthal

Szene

Gespräch zwischen der Klosterlehrerin Mechthild von Hackeborn und ihrer Schülerin Gertrud im Kloster zu Helfta.

Mechthild von Hackeborn: Nun konzentrier dich doch endlich! Hier ist schon wieder ein Abschreibefehler. Was ist los mit dir? Du lernst doch sonst so gerne!

Gertrud: Ach, ich muss immer an die Frau denken, die heute zu uns kommt.

Mechthild: Du wirst sie gar nicht zu Gesicht bekommen. Sie wird müde sein nach der Fahrt.

Gertrud: Schade. – Sie kommt aus einer großen Stadt?

Mechthild: Ja, aus Magdeburg.

Gertrud: Ist ihr Mann gestorben?

Mechthild: Wie kommst du auf diese Idee?

Gertrud: Weil Frauen dann manchmal ins Kloster gehen. Wir anderen sind doch schon so lange hier.

Mechthild: Nun ja, das stimmt. Die meisten von uns kommen schon als Kind ins Kloster. Ein paar Frauen kommen nach dem Tod ihres Mannes. Aber diese Frau hat ganz alleine in Magdeburg gelebt.

Gertrud: Warum kommt sie dann zu uns?

Mechthild: Ich glaube, sie ist nicht ganz gesund. Und weißt du, es gehört sich ja auch nicht so recht, als Frau allein in einer so großen Stadt zu leben. Ich kann es mir eigentlich nicht richtig vorstellen. Es wird ihr wohl auch zu schwer gefallen sein.

Gertrud: In der Küche erzählen sie etwas anderes.

Mechthild: Du sollst nicht auf den Klatsch hören!

Gertrud: Wisst Ihr, was sie sagen? Die Frau hat vornehme Domherren in der Stadt »stinkende Böcke« genannt. Und deshalb muss sie fort.

Mechthild: Gertrud!!

Gertrud: Nun ja, so sagen sie. Aber lasst mich noch eine Frage stellen. Sie heißt Mechthild – genau wie Ihr?

Mechthild: Ja, sie heißt Mechthild, so wie ich.

Gertrud: Aber Ihr schaut ja auch zur Tür. Ihr seid auch gespannt.

Mechthild: Gertrud, es hat mit dem Unterricht heute keinen Zweck. – Also gut, ich bin auch gespannt auf meine Namensschwester, weil sie ein Buch schreibt.

Gertrud: Sie schreibt ein Buch ab? Wie es unsere Schwestern in der Schreibstube tun?

Mechthild: Nein, sie schreibt ein eigenes Buch. Ganz allein. Denk dir, als Frau!

Gertrud: Ein Buch schreiben – das möchte ich auch können. Nein, jetzt kann ich wirklich nicht mehr aufpassen. Kann ich nun gehen?

Ansprache

Schon als Kind kam sie hierher. Hierher – in das Kloster zu Helfta bei Eisleben. Sie war hochbegabt. Dies wurde gefördert: Die ausgezeichnete Klosterschule mit der Lehrerin Mechthild von Hackeborn vermittelte ihr eine überdurchschnittliche Bildung. Dieses Mädchen, das wir eben beobachteten, lernte geradezu begierig. Bis auf diesen einen Tag. Gertrud war abgelenkt. Ihre Erwartung täuschte sie nicht. Nachhaltig beeindruckte sie die sehnlichst Erwartete: Mechthild von Magdeburg. Die-

se Frau arbeitete in langen Jahren in Magdeburg an ihrem Werk »Das fließende Licht der Gottheit«. Im Alter suchte sie Zuflucht in Helfta. Gertrud nahm voller Bewunderung alles auf, was diese Frau ihr vermittelte. Die Nonnen halfen ihr, die zunehmend ihr Augenlicht verlor, bei der Fertigstellung ihres Werkes. Gertrud träumte davon: Wenn sie doch selbst ihren Gedanken so bildhaft Ausdruck verleihen könnte! Das wäre ein Ziel! Auch Gertruds Lehrerin, Mechthild von Hackeborn, teilte die Wertschätzung.

Doch später, als Gertrud erwachsen war, sah alles anders aus. Sie, die Hochbegabte, erfreute sich bei den Mitschwestern nicht gerade großer Beliebtheit. Allzu ungeduldig reagierte sie, wenn sie auf geistig Schwerfälligere stieß. Sie galt als hochfahrend und arrogant. Und wenn sie jetzt noch schreiben wollte ... Sie vermochte sich vorzustellen, was das für ein Gerede geben würde. Doch ihre Denkkraft, ihre tiefe Spiritualität ließen sich nicht verdrängen.

Es ist an einem Frühlingsmorgen. Gertrud geht nach draußen. Sie steht in einem Innenhof, der wie ein Garten, wie ein kleiner Park gestaltet ist. Die Natur, die Schönheit dieses Ortes nehmen sie gefangen. Sie erzählt später:

»So hast du an mir gehandelt, und so meine Seele geweckt: An einem Tag zwischen Ostern und Himmelfahrt betrat ich vor der Prim den Hof und setzte mich an den Fischteich. Der liebliche Platz zog mich an, er gefiel mir: das klare vorüberfließende Wasser, die umstehenden Bäume mit lichtem Grün und die Vögel, besonders die Tauben, die so frei umherflogen. Und dazu die verschwiegene Ruhe des verborgenen Sitzplatzes. Da begann ich im inneren Herzen zu überdenken, was ich wohl für mich daraus entnehmen könnte, eben weil die Anmut des Platzes so vollkommen schien. Und als ich alles im Herzen bewegte, da hatte ich nur ein Verlangen: Hätte ich einen Freund, liebenswürdig und gesellig, vor allem aber voller Verständnis,

der auf mich und meine Not im Herzen eingehen würde; dieser liebe Freund, er wäre mir Trost in meiner Einsamkeit.
Wie ich hoffe, hast du, mein Gott, du Schöpfer unermesslicher Freuden, durch deine zuvorkommende Liebe den Anfang geschenkt und gelenkt. Und du hast auch das Ende dieser Besinnung zu dir und auf dich hingelenkt; denn du gabst mir ein: ich solle deine überströmende Gnade mit der Dankbarkeit, die ich dir schulde, allein dir zurückgeben, wie wenn Wasser zurückströmt.«

Sie verlässt den Garten, bereichert, verändert. Gott ist ihr durch seine Schöpfung nahegekommen. Er hat von seinem Werk dann ihre Gedanken auf sich selbst gelenkt. Mit anderen Augen vermag die Frau nun Gott und sich selbst zu sehen. Es gelingt ihr, sich immer bewusster auf Gott zu konzentrieren. Ihre Gedanken schweifen nicht mehr schnell abgelenkt ab. Auch ihren Mitmenschen gegenüber verhält sie sich geduldiger und ist ihren Schwächen gegenüber nachsichtiger.
Sie hat eine Spur Gottes entdeckt und ist ihr gefolgt. Aus der Schönheit der Natur entwickeln sich Gedanken und Vorsätze. Gott ist ihr nahegekommen. Das wird für das weitere Leben tragend.
Von dieser Frau, die uns an ihrem Erleben Anteil gegeben hat, wissen wir nicht einmal den vollständigen Namen. Wir nennen sie nach dem Ort, in dem sie im Mittelalter lebte, im Marienkloster zu Helfta: Gertrud von Helfta. Später gab man ihr wegen der theologischen Tiefe ihrer Gedanken den Titel »die Große«: »Gertrud die Große von Helfta«.
Sicher sind den meisten von uns ebenfalls Momente nicht fremd, in denen uns die Schöpfung anrührte. Wir werden nun allerdings einwenden: Nun ja, aber in der Abgeschiedenheit eines Klosters ist es sicher um vieles leichter, von der Schöpfung ausgehend über Gott zu meditieren. Und vor allem: die Vorsätze, die sich daraus entwickeln, einzuhalten. Wir mit unserm Alltag und allem, was daran hängt, befinden uns in einer un-

günstigeren Position. Nun ist ein Kloster nicht unbedingt eine Garantie für die Einhaltung dessen, was sich seine Insassinnen vorgenommen haben. Auch Gertrud kannte Phasen, in denen sie, wie sie sagte, nachlässig war, wo ihr Gott gleichgültig wurde und sie nicht mehr an das Erlebnis im Klostergarten dachte. Auch die Gottesdienste und Stundengebete richteten nichts aus.

Wir merken schon: Es gehört so etwas wie Selbstdisziplin dazu, sich immer wieder auf Gottes Schöpfung zu besinnen und uns von ihr anrühren und bewegen zu lassen. »Dass wir die Möglichkeit überhaupt noch haben bei allem, was wir zugepflastert und verbaut haben, empfinde ich manchmal als reines Wunder«, sagte eine Teilnehmerin in einem Gruppengespräch. Noch können wir dieses Wunder wahr- und aufnehmen. Und wir können uns von einer Frau wie Gertrud der Großen dahin locken lassen mit den Worten, die sie nun endlich zu schreiben wagte:

»Gott, du bist wie ein blühender, duftender Frühling, wie eine zauberhaft beseligende, ergreifende Melodie.«

Instrumentalmusik

Leise meditative Musik

Einen Dankpsalm formulieren

Alle gemeinsam:
»Freuen will ich mich über dich, Gott, denn du …«

Wer möchte, vollendet die Zeile.
Dann wieder alle gemeinsam: »Freuen will ich mich über dich, Gott.«

Singen von Schöpfungsliedern

z.B.
Geh aus, mein Herz (EG 503)
Gott gab uns Atem (EG 432)

Alles, was atmet (Mein Liederbuch 2, B 166)
Erd und Himmel sollen singen (EG 499)
Freunde, dass der Mandelzweig (EG 606, Ausgabe Nordelbien)

Gebet
Wir loben dich, Gott, mit Worten von Gertrud der Großen:

Du milder, heilender, helfender Gott,
du schenkst Ströme deiner Güte, deiner Liebe
allen an jedem Ort,
zu jeder Zeit
bis in Ewigkeit.
Du bist wie ein
ewig grünender, duftender Blütenbaum,
der ein Abbild ewiger Schönheit ist.

Vaterunser

Segenswunsch
Gib mir durch deine unerforschliche Weisheit,
dass ich vorsichtig alles vermeide,
wodurch ich die Augen deiner Reinheit verletzen würde.
Bestärke mich in meinem Vorsatz,
bewahre mich auf meinen Wegen.
Begleite mich mit deinem Segen.
(Die Anfangszeilen dieses Segenswunsches stammen von Gertrud der Großen)

Kanon
Jubilate Deo
(Mein Kanonbuch, 249)

Praktische Hinweise
Schöpfungslieder zusammenstellen.

Vorschlag für Gruppen

Den Morgen begrüßen

Einstimmung: Bildbetrachtung

In der Mitte liegt ein großes Bild bzw. Poster, das eine Morgenstimmung wiedergibt. Zum Beispiel das Bild eines Sonnenaufgangs. Oder die Teilnehmerinnen erhalten eine entsprechende Kunstpostkarte.

Erzählen

Welche Morgenstimmung ist mir besonders in Erinnerung geblieben?

Vertiefung

Wie empfinde ich die Morgenstunden im Alltag?

Besinnung

Manchmal erfüllt uns der frühe Morgen mit Tatendrang und Energie. Wie von selbst strömt Dankbarkeit für unser Leben zu Gott hin. Aber der Morgen kann auch eine schlimme Zeit sein. Müde und überfordert erwachen wir nach einer allzu kurzen Nacht. Vielleicht lagen wir bereits stundenlang wach, und unsere Sorgen und Ängste steigerten sich ins Unermessliche. »Mein Gott! Zu dir erwache ich frühmorgens.« Solche Worte sprechen sich dann schwer. Gertrud, wegen ihrer schriftstellerischen Begabung »die Große« genannt, lebte im Kloster zu Helfta bei Eisleben. Ihre Mitschwestern empfingen sie sogleich am Morgen mit ihren Gebeten. Eine solche Hilfe haben wir nicht, aber eine andere, eine scheinbare. Sie heißt »vielleicht«. Vielleicht hat dieser Gott, zu dem wir erwachen, im Laufe des Tages etwas für uns bereit: eine Geste, die uns guttut, eine überraschende Begegnung, einen Rat, der weiterhilft.
Achtsam sein auf dieses »vielleicht« – mehr ist von uns gar nicht verlangt.

Gedankenanstoß

Wir können das »vielleicht« stärken und unterstützen. Morgenrituale, die wir ab und an, zum Einüben vor allem an weniger hektischen Tagen, praktizieren, tragen dazu bei.

Gruppenarbeit

Die Frauen erzählen, was sie vielleicht bereits praktizieren. Sie suchen nach praktikablen Ritualen.

Vorstellen der Morgenrituale im Plenum

Die Gruppenleiterin notiert die Vorschläge auf einzelne Karten. Sie liest die Stichworte abschließend noch einmal langsam vor. Sie legt die Karten um das Bild in der Mitte.

(Aus Gruppenbeispielen:

- *Kurz auf den Balkon oder an das Fenster gehen und den Morgen bewusst begrüßen.*
- *Ein kurzes Gedicht oder Meditationswort lesen und in den Tag mitnehmen.*
- *Am Sonntagmorgen ein Musikstück hören.***)**

Abschlusswort

Sei gepriesen, mein Heil und Licht meiner Seele,
alles, was den Saum des Himmels,
den Kreis der Erde und die Tiefe des Abgrunds umfasst,
soll dir danken für deine Gnade.

(Gertrud die Große)

Praktische Hinweise

- *Bild oder Kunstpostkarten mit einer Morgenstimmung aussuchen.*
- *Leere Karteikarten bereitlegen.*

Marguerite Porète

(hingerichtet 1310)

Es gehört zu den außerordentlichen Glücksfällen, dass dieses Buch erhalten geblieben ist: »Der Spiegel der einfachen zunichte gemachten Seelen« der Marguerite Porète. Sie beschreibt darin den Weg der Seele zu Gott. Sie beschreibt dies in so kühnen Gedankengängen und sprachlichen Wendungen, dass die zuständige kirchliche Obrigkeit befürchtet: Menschen wie sie entgleiten uns. Sie bedürfen unserer Vermittlung nicht mehr. Im Jahre 1300 fällt das Werk einer Verbrennung anheim. Marguerite verbreitet dennoch Abschriften weiter. 1310 erfolgt die Hinrichtung, weil es sich bei ihr um eine »rückfällige Ketzerin« handelt. Trotz Verbots verbreiten Interessierte das Buch weiter. Es kursiert in erstaunlich vielen Exemplaren. Wir haben dadurch Zugang zu einer der wenigen Schriften Verurteilter. Marguerite Porète soll zeitweilig wie eine Bänkelsängerin ihre spirituellen Einsichten verbreitet haben. Wir machten uns diese Vermutung für den Gottesdienst zunutze, um Person und Gedanken einzuführen. In den Mittelpunkt unserer Auseinandersetzung stellen wir den Mut zum eigenen Glauben. Der Gottesdienst endet mit einem Gedenken an Menschen, die wie Marguerite Porète mit allen Konsequenzen für ihre Überzeugung eintraten.

Der Vorschlag für Gruppen stellt das Schicksal der Marguerite Porète in den weiteren Rahmen der Ketzerinnenverfolgung und erweitert das Spcktrum durch das Beispiel der Schwester Katrei.

Gottesdienstentwurf

»Die Seele hat alles« – Marguerite Porète

Einstimmung

(Marguerite Porète tritt mit einer Handtrommel auf)
(Trommel)
He, ihr Leute – hört her!
Ich erzähle euch etwas.
Ich erzähle euch von eurer Seele!

(Trommel)
Kommt her! Kommt alle her!
Hört mir zu!
Für sich allein ist die Seele nichts.
Gar nichts.
Denkt daran!
Deshalb richtet eure Seele auf Gott!

(Trommel)
Tut, was ich euch sage!
Richtet eure Seele auf Gott.
Gott liebt sie mehr,
als sie sich selbst zu lieben vermag.

(Trommel)
Hört zu!
Die Seele ist arm.
Das macht nichts.
Das macht gar nichts.
Denn Gott ist ihr Freund.
Und ihr Freund ist reich.

(Trommel)
Hört zu!

Glaubt!
Der Glaube belehrt die Seele.
Er lehrt: Sie wird Gott finden.
Gott ist reich.
Die Seele bekommt alles von ihm.
Auf sich selbst braucht sie keine Hoffnung zu setzen.
Hofft auf Gott!
Mit eurer ganzen Seele.
Denn Gott ist reich.

(Trommel)
Hört zu!
Denkt daran!
Hofft auf Gott.
Sonst braucht ihr nichts.
Überhaupt nichts.

Instrumentalmusik

Erzählung

Eine Frau rief uns zum Glauben auf, zum radikalen Glauben. Unsere Hoffnung sollen wir auf Gott setzen. Allein auf Gott. Wie eine Bänkelsängerin trat sie auf. Wer ist sie? Was wissen wir von ihr? Sie heißt Marguerite Porète. Es ist erstaunlich, dass ihr Buch uns überliefert wurde: der »Spiegel der einfachen zunichte gemachten Seelen«. Ein kühnes, literarisch meisterhaft gestaltetes Werk. Die Autorin schreibt in ihrer französischen Muttersprache.
Von ihr selbst wissen wir wenig. Geboren ist sie wohl zwischen 1250 und 1260. Ihr Geburtsort bleibt im Dunkeln. Vermutlich liegt er im Nordosten Frankreichs. Marguerite wirkt im Hennegau.

Lied

Suchen und fragen
(Mein Liederbuch 2, B 137)

Gebet

Du liebender Gott,
befreie uns von der Enge des Geistes,
der allzu schnell dabei ist, abzulehnen;
von der Selbstgerechtigkeit des Geistes,
dem es nicht gelingt,
Gutes in anderen zu entdecken.
Mach uns frei,
zu lieben
und zu lernen.

(Quelle: Gebete aus der Ökumene 4, EMW Hamburg, Missionshilfe Verlag 1999, S.78)

Psalmwort

Psalm 105,4

Lied

Meine engen Grenzen

(Mein Liederbuch 2, B 153)

Szene

(Einige Leute laufen zusammen.)

I: Was ist denn das für ein Lärm?

II: Und ausgerechnet vor dem Kloster. Das weiß doch jeder, dass die Mönche da in ihrer Bibliothek arbeiten.

I: Klar, da brauchen sie Ruhe.

II: Mensch, das ist doch die Frau, die ich neulich schon gesehen habe. Was heißt gesehen? Gehört!

I: Ach, die ist es. Ja, du hast davon erzählt. Die redet sich doch noch um Kopf und Kragen!

Marguerite Porète (mit einer Schriftrolle in der Hand):
Ihr, die ihr in diesem Buche lesen werdet,
wollt ihr es richtig verstehen,
so nehmt euch in Acht,
was ihr darüber sagt,

denn es ist schwer zu erfassen.
An die Demut müsst ihr euch halten,
sie ist die Schatzmeisterin der Wissenschaft.

Ihr Theologen und sonstwie Gebildeten,
ihr werdet nicht zum Verständnis gelangen,
wie scharf eure Denkfähigkeit auch sei,
wenn ihr nicht demütig vorgeht.

Lasst demütig werden eure Wissenschaft.
Setzt euer Vertrauen auf die Liebe und auf den Glauben.
Und so werdet ihr mein Buch verstehen.
Es macht die Seele lebend.

Gedanken zur Szene

Marguerite Porète –
sie ist mir in manchem fremd.
Könnte ich wie eine Bänkelsängerin von meinem Glauben erzählen?
Öffentlich für ihn werben?
Ich weiß nicht, ob mir das in den Sinn käme.
Lauthals vor Gelehrten meinen Protest anmelden,
Protest dagegen, wie sie mit der Wissenschaft umgehen?
Mich ihnen ebenbürtig,
ja überlegen fühlen?
Wer bin ich denn,
dass ich so etwas dürfte?
Und doch ist da etwas,
was mich nicht loslässt,
was mich nachdenklich werden lässt:
dieser Mut, selbst zu glauben,
eigenständig zu glauben,
sich nicht bevormunden zu lassen,
sich nicht hinter anderen zu verstecken.
Mich beeindruckt das Vertrauen,

das zu diesem Mut führt,
das Vertrauen zu Gott.
Es ist ein Vertrauen,
das Marguerite Porète sagen lässt:
»Die Seele hat alles.«

Lied

Vertraut den neuen Wegen
(EG 395)

Gruppengespräch

Was beeindruckt, was befremdet uns an Marguerite Porète?

Lied

Schenk uns Weisheit (s. Seite 96)

Ansprache

Fragen gehört zu unserem Alltag. In einer fremden Stadt oder in einem Stadtteil eine ganz bestimmte Adresse, ein Geschäft oder auch eine Straße zu finden, das ist nicht immer leicht. Es bleibt oft gar nichts anderes übrig. Wir müssen uns durchfragen, um weiterzukommen.
Oder wir erhalten ein Schreiben von einer Behörde, das wir nicht richtig verstehen. Auch hier hilft nur, zum Telefon zu greifen und zu fragen.
Manchen von uns macht das Fragen nichts aus. Anderen fällt es schwer. Wie auch immer – wir müssen uns darauf einlassen. Fragen bringt uns weiter.
Bei unserem Glauben ist es mit dem Fragen so eine Sache. Hier ist es anders als im Alltagsgeschehen. Über weite Strecken können wir das Fragen vermeiden. Wir fühlen uns in manchen Lebensphasen einfach zu müde dafür. »Im Moment ist bei uns alles so stressig. Da fehlt die Kraft, sich auch noch mit schwierigen Fragen auseinanderzusetzen.« Manchmal verlockt uns einfach die Bequemlichkeit. Wir gehen ihr nach, auch wenn

wir riskieren, im Glauben auf der Stelle zu treten. Es kommt auch vor, dass wir gar nicht so recht wissen, an wen wir uns mit unseren Fragen wenden können.
Ängste vermögen das Fragen zu hindern. »Ich habe Angst«, sagt eine Frau, »dass ich beim Nachfragen auf tiefere Probleme stoße, auf die ich keine Antwort für mich finde. Ich fürchte, dass das, woran ich gewöhnt bin und was mir vertraut ist, in sich zusammenbricht. Das riskiere ich lieber nicht.« Eine andere Stimme: »Ich habe Angst, irgendwann nicht mehr dazuzugehören in der Kirche, in der Gemeinde, wenn ich anfange, kritisch zu fragen.«
»Mit Fragen kommt man sehr weit«, sagt dagegen eine Frau. Nicht nur im Alltag, nein, im Glauben. Sie sagt es in einer Zeit, in der das Fragen von Frauen nicht überall selbstverständlich war. Marguerite Porète betont dies um das Jahr 1300. Sie ließ nichts unhinterfragt. Sie kam weit damit. Sie durchdachte auch die schwierigsten Probleme. Das Ergebnis bestand in einem großen Schatz an Wissen und einem reichen, eigenständigen Glauben. Sie schrieb auf, was sie an Einsichten gewonnen hatte. Ein Buch entstand. Auch das war für eine Frau zur damaligen Zeit nicht gerade selbstverständlich. Mehr noch. Wir vermuten, dass sie öffentlich aus dem Buch vorlas. Sie wollte anderen Anteil geben. Wie eine Bänkelsängerin soll sie auf öffentlichen Plätzen gestanden haben.
Und dann geschieht das Entsetzliche. Das Buch wird verboten und verbrannt. Zu tief, so die Meinung der Verurteilenden, zu tief habe das Fragen diese Frau in ein eigenständiges, nicht mehr zu akzeptierendes Glaubensverständnis geführt. Sie darf ihr Buch nicht mehr verbreiten. Sie weigert sich, dies hinzunehmen. Das Grauen steigert sich. Sie erleidet den Feuertod. So ein Grauen schreckt ab. Bloß nicht fragen!

Die Zeiten haben sich geändert. Für uns birgt Fragen dagegen verhältnismäßig wenig Risiko. Wir können Sicherheiten, Selbstverständlichkeiten verlieren. Wir müssen eventuell Vertrautes aufgeben – etwa die Zugehörigkeit zu einer Gemeinschaft. Da kann vieles in unserm Leben ins Wanken geraten. Doch wenn wir Frauen wie Marguerite Porète ernst nehmen und würdigen wollen, ist es wichtig, dass wir ihr Anliegen aufnehmen und uns den Konsequenzen stellen. Ihr Beispiel will uns ja nicht klein machen, auch wenn es natürlich an unseren Bequemlichkeiten rüttelt. Es will uns aufmerksam machen, welchen Schatz, welchen Reichtum wir mit unserem Glauben bergen können. Es wird kein langweiliger, steriler Glaube sein, sondern einer, der sich im Laufe des Lebens immer weiter ausfächert und vertieft, der manchmal überraschende Wendungen nimmt und uns ungeahnte Wege führt. »Fraget nach Gott, sucht sein Antlitz allezeit.« (Ps. 105,2)

Instrumentalmusik

Gedenken

Wir gedenken Marguerite Porètes,
die für ihre Überzeugung ihr Leben lassen musste.

Wir gedenken der Frauen und Männer, die unbeirrbar
an einem Glauben festhielten
und Widerstand nicht scheuten.

Wir gedenken der Menschen,
die ihren Einsatz für Gerechtigkeit und Wahrheit
mit Gefahr für Leben und Gesundheit bezahlen mussten.

(Nach jedem Absatz werden einige blühende Zweige oder Blumen in einen großen Krug gestellt.)

Moment der Stille

Wir gedenken des Wortes der Marguerite Porète:
»Wer Gott hat, hat alles.«

Gebet

Möge Gott, unser Schöpfer,

uns neues Leben einhauchen
und einen neuen Lebenssinn geben.

Möge der Geist Gottes uns einhauchen
einen neuen Geist
und ein neues Denken.

Möge die Weisheit Gottes uns einhauchen
neue Hoffnung
und ein neues Wahrnehmen.

Und mögen alle,
die das Wort Gottes hören,
gesegnet sein allezeit.
(Miriam Therese Winter)

Vaterunser

Segen
RUACH, die Geisteskraft Gottes.
Sie atme durch dich hindurch.
Sie wecke deine Lebensgeister.
In ihrem Namen
segne ich deinen Leib und Seele.
Sei gestärkt und bewahrt.
Heilsame Wasser strömen durch deinen Leib.
Nehmen und lösen deinen Schmerz
und stärken deine Sehnsucht nach Leben.
(M. Schlipf, in: Von Frauennot und Männerangst. Gewalt. Arbeitshilfe der evang. Kirche der Pfalz)

Praktische Hinweise
· *Eine Handtrommel und eine Schriftrolle für die Szene besorgen.*
· *Blühende Zweige und Krüge bereitstellen.*

Lied »Schenk uns Weisheit«

Text und Melodie: Irmgard Spiecker, Satz: Ingo Bredenbach,

Vorschlag für Gruppen

Ketzerinnen (?)

Einführung und Information

Ketzerinnen ordnen viele Menschen dem Mittelalter zu. Diese Zeit war tatsächlich mitgeprägt durch spirituell aktive Frauen. Die Jahre von 1150 bis 1500 sind hier besonders zu nennen. Diese Frauen wurden geschätzt, aber auch misstrauisch beobachtet. Auch Männer gerieten in den Ketzereiverdacht, doch soweit wir wissen, waren Frauen häufiger betroffen. Im Mittelalter verstärkten sich die Verfolgungen. Vorher war es eher Zufall, wenn jemand entdeckt wurde, weil er oder sie Überzeugungen anhing, die von den kirchlichen abwichen. Ab dem 12. Jahrhundert begannen Bischöfe gezielt, Ketzer und Ketzerinnen aufzuspüren. Sie wurden belehrt und konnten widerrufen. Taten sie es nicht, drohten verschiedene Strafen: zum Beispiel Ausschluss von den Sakramenten bis hin zur Todesstrafe. Die kirchlichen Behörden übergaben die zum Tode Verurteilten den weltlichen Mächten, die die Ausführung vollzogen.
Es ist schwer, an eine der verurteilten Frauen heranzukommen. Ihre Spuren wurden möglichst vollständig verwischt.
Um eine von ihnen zu entdecken, müssen wir uns nach Nordfrankreich begeben.

Auftritt Marguerite Porètes

(s. beide Szenen im Gottesdienstentwurf auf S. 88ff.)

Erzählung

Leben und Werk der Marguerite Porète

Es ist erstaunlich, dass ihr Buch uns überliefert wurde: »Der Spiegel der einfachen zunichte gemachten Seelen«. Ein kühnes, literarisch meisterhaft gestaltetes Werk. Die Autorin schreibt in ihrer französischen Muttersprache. Von ihr selbst wissen wir wenig. Wir datieren ihr Geburtsjahr auf die Zeit von 1250 bis 1260. Auch ihr Geburtsort bleibt im Dunkeln. Vermutlich liegt er im Nordosten Frankreichs. Marguerite wirkt im Hennegau. Eine sorgfältige Bildung zeichnet sie aus. Sie weiß um die Argumentations- und Disputierkunst. Ihr Buch umfasst 139 Kapitel. Manche sind in wissenschaftlicher Prosa abgefasst, andere in höfischer Gesprächsform, wobei sich zum Beispiel die personifizierte Liebe und die Vernunft um den rechten geistlichen Weg der Seele streiten. Der »Spiegel« ist ein gängiges Symbol und eine gerne praktizierte Bildwahl in der Literatur. Wie in einem Spiegel sollen sich die Menschen erkennen, sich selbst in der Beziehung zu Gott. Die Seele wird in ihrem Eigenwillen »vernichtet« und von ihren vielfältigen Beeinflussungen befreit. Sie wird »einfach«.

Sie geht schon hier in diesem Leben so in Gott ein, dass sie keine Vorschriften und Tugendlehren mehr braucht. Sie steht darüber. Eine Gottesidentität, beschrieben, besungen in eigenwilligen Formulierungen, gestaltet von einer Frau, das dürfte schnell den Verdacht auf Ketzerei wecken. Vor allem deshalb, weil Marguerite nicht schweigt. Augenscheinlich tritt sie mit ihrem Werk geradezu auf Markt- und Kirchplätzen auf. Sie wendet sich an Menschen, die ihren geistlichen Weg suchen. Wir vermuten, dass sie in einer Beginengemeinschaft wohnt. Aber sie konzentriert sich nicht allein auf sie. Das hat Folgen. Im Jahr 1300 oder etwas später wird das Buch öffentlich auf dem Marktplatz von Valenciennes verbrannt. Es ist verurteilt. Marguerite verbreitet es dennoch weiter. Sie ist ihrerseits nicht untätig geblieben und hat schon vor der Verurteilung theologische Gutachten für ihr Werk eingeholt. Sie weiß ja selbst, wie schnell eine Formulierung missverstanden werden kann. Dies thematisiert sie an einigen Stellen ihrer Schrift. Sie meint jedoch, sich mit den Gutachten abgesichert zu haben. Sie nützen ihr nichts. 1307 erfolgt eine erneute Anklage, jetzt in Paris. Sie wird eingekerkert. Am 11.4.1310 verurteilen Theologen 15 ihrer Sätze. Sie versuchen sie zum Widerruf zu bewegen. Vergeblich.

Weder rechtfertigt sie ihre Sätze, noch schwört sie ab. Am 30. Mai erfolgt die Urteilsbestätigung, denn Marguerite gilt als »rückfällige Ketzerin«. Vor einem großen Schaupublikum erleidet sie am 1.6.1310 den Feuertod. Ihr Buch darf nicht mehr gelesen und verbreitet werden. Aber in Verstecken muss es vielerorts verborgen liegen. Die Textausgaben sind in ihrer Anzahl bemerkenswert. Es liegen auch italienische und englische Übersetzungen vor. Wen Marguerite im mystischen Denken beeinflusst hat, lässt sich durch die Sachlage natürlich schwer feststellen. Aber für uns heute bedeutet es eine Kostbarkeit, aus den Grauzonen theologischen Denkens ein solches Werk in Händen zu halten.

Gespräch

Warum wurden Frauen nach unserer Einschätzung besonders erbittert verfolgt?

Erzählung

Schwester Katrei

Eine weitere Spur können wir in Straßburg verfolgen. Um 1322 treffen wir hier Schwester Katrei. Ihr Beichtvater ist der berühmte Meister Eckhart (um 1260 – 1328/1329).
Eines Tages eröffnet sie ihm: Ich will arm leben wie Jesus. Ich will über die Landstraßen ziehen. Ich will alle und alles verlassen. Er erschrickt, versucht sie mit allen Mitteln abzuhalten. Er weiß, wie schnell allein umherziehende Frauen der Ketzerei verdächtigt werden.

Hören wir in ihr Gespräch hinein:

Da sprach der Beichtiger: Willst du mich auch lassen?
Sie sprach: Ja, Herr. Soll ich alle Dinge lassen, so muss ich Euch auch lassen.
Er: Unternimm dieses nicht: Es ist Frauen nicht gegeben (so etwas zu leisten).

Sie: Ich weiß wohl, keine Frau kann in den Himmel kommen, wenn sie nicht ein Mann wird. Das sollt Ihr so verstehen: Sie müssen männliche Herzen haben, dass sie sich selbst widerstehen mögen und allen gebresthaften Dingen.

Er: Du hältst dich für stark, mich sollte wundern, wie du noch mehr leiden kannst, als du schon getan hast.

Sie: Ich kann alles das leiden, was Christus für mich gelitten hat.

Er: Das sind Reden.

Sie: Ich sage wahr. (...) Wisset, solange ich lebe, will ich dem Rat des Heiligen Geistes folgen.

Er: Was rät der Heilige Geist?

Sie: Er rät mir, dass ich mich halte an die gewaltige Hand Gottes und dass ich den Halt aller Menschen loslasse.

Er: Du willst übel.

Sie: Warum?

Er: Weil du meinem Rat nicht folgen wolltest. Wisse, dass Gehorsam eine Tugend ist.

Sie: Ich will gehorsam sein bis an meinen Tod. (...) Christus, dem himmlischen Vater, dem Johannes gehorsam war in der Wüste und Maria Magdalena, Maria von Ägypten und Maria Salome.

Er: Es dünkt mich, dass du meinem Rat niemals mehr folgen wirst.

Sie: Das ist wahr. Ich bin es von Herzen leid, dass ich dem Rat von Menschen so lange gefolgt bin und dem des Heiligen Geistes widerstand.

(Gespräch der Schwester Katrei mit ihrem Beichtiger, übersetzt von Eva Schirmer, Mystik und Minne. Frauen im Mittelalter, Berlin 1984, Elefanten Press)

Erzählung

Nach einiger Zeit kehrt Katrei von ihrer Wanderung zurück. Sie ist so erschöpft, dass sie sich in einem Winkel der Kirche zusammenrollt und drei Tage nicht ansprechbar ist. Meister Eckhart erkennt sie zunächst nicht wieder, so heruntergekom-

men wirkt sie. Schließlich erzählt sie – und ein Satz lässt ihn erstarren: Als sie total erschöpft war, äußerlich und innerlich arm, habe sie Gottes Nähe ganz intensiv gespürt. Mehr noch: »Ich bin Gott geworden.«

Das nannte man Selbstvergötterung. Höchste Gefahr einer Anklage!

Doch was meint sie damit? Nach Katreis Auffassung sind die Seelen vor der Geburt ganz in Gott. Sie verbinden sich in der Erdenspanne mit dem Körper und kehren nach dem Tod zu Gott zurück. Und dieses Einssein mit Gott hat Katrei im Moment äußerster Armut schon jetzt erfahren.

Wir wissen nicht, was aus ihr geworden ist. Angeblich soll sie von den Sakramenten ausgeschlossen worden sein. Ihre Spur verliert sich.

Gespräch

Und wenn diese Frauen heute lebten?

Abschluss

Gedenken

(s. Gottesdienst, S. 94; dabei Schwester Katreis Namen ergänzen)

Praktische Hinweise

· *Szenen üben.*
· *Handtrommel besorgen.*
· *Zweige und Krüge bereitstellen.*

Birgitta von Schweden

(1302/03 – 1373)

Birgitta von Schweden zählt zu den sogenannten »politischen Mystikerinnen«. Dies rührt von ihrem hartnäckigen Einsatz für Frieden und für eine Reform der Kirche her. Die Kirche soll nach ihrer Überzeugung ihrem Vermittlungsauftrag in Konflikten nachkommen. Gleichzeitig zeichnet Birgitta eine »erdgebundene« praktische Art aus – gewonnen aus Jahren, in denen sie mit ihrem Mann Ulf Gudmarsson ein Gut leitete. »Der Weg ist anfangs beschwerlich« – dies Wort mag der Erinnerung an ihre Einarbeitung in diesen Pflichtenkreis entsprungen sein oder auch von Beobachtungen an ihren Kindern stammen. Es bezieht sich jedoch ebenso auf ihr unermüdliches Ringen um eine eigene Spiritualität, die praktisches Handeln in sich birgt.

Wir haben vor diesem Hintergrund zum einen Birgittas Leben im Gottesdienst vorgestellt – erzählt aus der Perspektive verschiedener »Zeitzeuginnen und Zeitzeugen«. Zum anderen thematisierten wir ihr inhaltliches Anliegen: Ringen um Frieden und Versöhnung.

Die Gruppenarbeit nimmt Bezug auf Birgittas Zutrauen, trotz aller Hindernisse und Widerstände dennoch die eigenen Fähigkeiten zu entfalten und der eigenen Bestimmung gemäß wirken zu können.

»Der Weg ist anfangs manchmal beschwerlich …«
Birgitta von Schweden

Ausrufer:
»Gefahr im Anzug! Verlasst diese Straße!
Kriegsgefahr! Beeilt euch! Verlasst die Straße!«
Sprecherin I:
»Krieg und immer wieder Krieg. Ich kann's nicht mehr hören.«
Sprecherin II:
»Wenn das so weitergeht, kommen wir nie ans Ziel.«
Sprecherin III:
»Macht bloß schnell. Sonst geraten wir noch in die Kämpfe. Ich hab schon Schlimmes geahnt, als die Flüchtlinge vorhin vorbeizogen.«

Kommentar
Kriegsmeldungen. Wir sind daran gewöhnt. Die Menschen, die wir hier auf einem Pilgerweg beobachten, waren sie auch gewöhnt. Kurz sind wir betroffen. Dann verfolgen wir wieder unsere Anliegen. Das ist heute so. Das war damals in der fernen Zeit, in die wir hineinschauten, ebenso. Doch nein! Dort bleibt eine Frau stehen. Sie fragt nach. Sie holt sich Informationen. Einige Jahre später wird sie ihre Stimme erheben. Sie wird den Kriegsopfern in einem Gebet Stimme verleihen.

Gebet der Birgitta von Schweden
Gott, sieh an das Vergießen unseres Blutes
und die Schmerzen und Tränen
der Ehefrauen und unserer Söhne.
Schaue an unsere Hungersnot
und unsere Schmach,
unsere Wunden und unsere Einkerkerungen,
das Abbrennen unserer Häuser

und die Gewalttätigkeiten
und die Schmach der Mädchen und Frauen.
Siehe an das Unrecht der Kirche und des ganzen Klerus
und schaue die trügerischen Versprechen der Fürsten
und Könige
und die Verrätereien und Erpressungen,
welche sie mit Zorn und Gewalt betreiben,
weil sie sich nicht um uns kümmern;
wie viele Tausende müssen sterben,
um ihre Herrschaft zu befriedigen.

Lied
Wende das Böse
(Mein Liederbuch 1, B 24)

Psalmenlesung
Psalm 6,5–11

Gebet
Gerechter Gott,
du vertrittst die Sache
der Armen und der Schutzlosen.
Erfülle uns mit heiligem Zorn,
wenn Gerechtigkeit aufgeschoben wird,
und gib uns die Beharrlichkeit,
die Rechte einzuklagen, die missachtet werden,
um deines Namens willen.
(aus: Von Frauennot und Männerangst. Gewalt. Arbeitshilfe der evang. Kirche der Pfalz))

Lied
Aus tiefer Not
(EG 299,1)

Statements
Wir beobachteten vorhin eine Frau, die das Elend nicht kalt

ließ. Sie verlieh den Opfern Stimme. Wer war sie? Fragen wir doch einmal zwei ihrer Zeitgenossinnen.

Eine Gutsnachbarin

Ihr fragt nach Birgitta? Der Frau von Ulf Gudmarsson? Ja, sie war lange meine Nachbarin. Sie kam aus Finstad hierher, aus der Nähe von Uppsala. Wie alt sie ist? Ich glaube, sie ist 1302 oder 1303 geboren. Ja, was soll ich sagen? Sie war alles in allem eine tüchtige Gutsfrau, hat ihre vier Söhne und vier Töchter gut erzogen. Da war nichts auszusetzen. Natürlich habe ich mich manchmal gefragt, wie sie das alles so schafft, denn wenn jemand etwas Interessantes erzählen konnte, was so alles in der Kirche und in der Politik geschah, da hat sie ein bisschen viel zugehört für meinen Geschmack. Viele Briefe in alle Welt raus hat sie auch geschrieben. Also ehrlich, ein wenig wunderlich konnte sie schon sein. Sie lernte beispielsweise mit ihren Kindern zusammen Latein. Als erwachsene Frau – wo gibt es denn so etwas? Was haben wir Frauen mit der Gelehrtensprache zu schaffen?

Ihrem Mann war Birgitta eine gute Frau. Da gibt es gar nichts, obwohl manche ja meinen, sie hätte gar nicht heiraten wollen. Sie wäre lieber in ein Kloster gegangen. Aber, na ja, sie musste sich damals dem Willen ihres Vaters fügen. Das müssen wir schließlich alle.

Ihrem Mann gegenüber fand ich es nicht in Ordnung, dass sie eine Stellung annahm, kaum waren die Kinder aus dem Gröbsten heraus. Sie war sogar Oberhofmeisterin am schwedischen Hof. Sie war aber schnell wieder hier, hat da nicht hingepasst mit ihrer ernsten Art. Man erzählt sich vom Hofleben ja so allerhand, von Skandalen, Intrigen.

Das ist alles schon lange her. Was ich in letzter Zeit von ihr gehört habe, darüber möchte ich lieber schweigen. Ich klatsche schließlich nicht.

Eine Mit-Pilgerin

Von Birgitta sprecht ihr? Birgitta aus Schweden? Doch, an die erinnere ich mich gut. Wir waren zusammen auf einer Pilgerreise nach Spanien, nach Santiago de Compostela. Da lernt man sich ganz gut kennen. Man wandert zusammen, singt Pilgerlieder, übernachtet in den Herbergen am Wegrand. Was mir besonders in Erinnerung geblieben ist, ist die Strecke durch Frankreich. Wir wussten: Hier herrscht Krieg. Unmittelbar haben wir es nicht mitbekommen, doch wir mussten weiträumig ausweichen. Wir sahen Flüchtlinge. Wir bekamen die Lebensmittelknappheit zu spüren. Nun ja, irgendwo tobt immer Krieg. Wir waren betroffen, aber was sollten wir schon tun? Doch Birgitta fragte und fragte: Was wird aus den Menschen? Warum versucht niemand, Frieden zu stiften? Warum versucht es die Kirche nicht? Das ist doch ihre Aufgabe! Warum setzt der Papst sich nicht für Versöhnung ein? Als sie hörte, dass der Papst nicht vermitteln könne, weil er nicht mehr in Rom, sondern in Frankreich, abhängig vom französischen König, residiere, wurde sie sehr nachdenklich. Ich merkte, wie Birgitta das alles mehr als uns alle beschäftigte. Das hat mich irgendwie beeindruckt.

Ansprache

Es gibt in der biblisch-kirchlichen Tradition gewichtige Worte. Es ist nicht immer einfach, sich ihnen zu nähern. Mit ihrem Gewicht schaffen sie Distanz. Es fällt manchmal schwer, sie mit Leben zu füllen. Manche sind uns fremd geworden. Andere lassen sich vielfältig deuten. Wieder andere haben wir schon so oft gehört, dass ihr Gehalt auf der Strecke bleibt.

»Versöhnung« gehört zu diesen gewichtigen Worten. Versöhnung zwischen Gott und Mensch, Versöhnung zwischen einzelnen Menschen, zwischen Gruppen, zwischen Völkern.

Manchmal fällt es leichter, sich so einem Begriff anzunähern, wenn es sich mit einer Lebensgeschichte verbindet.

Wie sieht es aus, wenn sich jemand um Versöhnung müht? Wir begegneten vorhin einer Frau, die sich nachdrücklich im Bereich der Friedensstiftung und Versöhnung engagierte: Birgitta von Schweden. Wir fanden sie inmitten eines Gutsbetriebs. Sie leitet,

organisiert, packt an. Sie ist für acht Kinder verantwortlich. Sie unterhält ein Armenhospital. Arbeit genug. Aber keine, die wir sofort mit »Versöhnung« zusammenbringen würden. Und doch gibt es da etwas. Wenig Zeit kann sie erübrigen. Aber wenn dies gelingt, nimmt sie alles in sich auf, was sie über Kirche und Politik erfahren kann. Sie bildet sich. Sie verschafft sich Wissensgrundlagen. Wenn ihre Kinder Latein lernen, lernt sie mit. Latein eröffnet ihr die theologische Welt. Wir hörten, welchen Spott ihr das einbringt.
Wir spüren: Friedens- und Versöhnungsarbeit braucht Vorbereitung. Wissen und Kenntnisse sind wichtig. Aber auch Selbstbeobachtung: Wo könnte mein Platz sein? Wo kann ich mich ganz konkret einsetzen?

Jahre später. Die Kinder brauchen Birgitta nicht mehr. Sie unternimmt eine Pilgerreise nach Spanien. Wir beobachten, wie sie Spuren des Hundertjährigen Krieges zwischen England und Frankreich auf ihrem Weg begegnet. Flüchtlinge sieht sie, hungrige und entwurzelte Menschen. Zuhause beginnt sie, Protestbriefe gegen den Krieg zu schreiben. Nach ihrer Auffassung hat die Kirche einen entscheidenden Versöhnungsauftrag. Doch wie soll sie ihn wahrnehmen, wenn der päpstliche Hof nicht in Rom, sondern in Frankreich lebt? Abhängig vom französischen König.

Versöhnungsarbeit forscht nach Hintergründen. Sie verlässt gedanklich den eigenen Umkreis. Sie stellt sich größeren Zusammenhängen.
Birgitta findet ihre Aufgabe. Sie verleiht den Opfern Stimme. Eindringlich schildert sie in einem Gebet ihr Leiden. Müsste das nicht die Verantwortlichen und Einflussreichen nachdenklich stimmen? Müssten sie nicht nach Wegen zum Frieden suchen?

Versöhnungsarbeit stellt sich auf die Seite der Betroffenen. Sie versetzt sich in die Betroffenen. Sie versetzt sich in ihre Situation. Sie tritt für sie ein, wo sie es selbst nicht können.

Szene

(Sprecherin I und II)

Spr. 1: *Das ist einfach spannend, was du alles von deiner Reise nach Rom erzählst.*

Spr. 2: *Ja, die Eindrücke sind unvergesslich, auch wenn es eine Strapaze war. Aber bevor ich weitererzähle, muss ich dir noch etwas anderes sagen. Du lachst dich tot!*

Spr. 1: *Was denn?*

Spr. 2: *Also, pass auf! Eines Morgens stehe ich auf einem Kirchplatz, da kommt so eine Frau an, nachlässig gekleidet, und haut mich um Geld an. Ich denk natürlich, das ist eine Bettlerin. Die sah aus ... Und du kennst sie!*

Spr. 1: *Ich???*

Spr. 2: *Ja! Weißt du, wer das war? Birgitta. Birgitta Gudmarsson.*

Spr. 1: *Nicht möglich!*

Spr. 2: *Doch! Die hatte keine einzige Münze mehr. Die lebt da mit einer Gemeinschaft zusammen. Und wenn sie nichts mehr zu beißen haben, geht sie betteln.*

Spr. 1: *Sie soll ja zuletzt auch hier in Schweden so komisch geworden sein.*

Spr. 2: *Stimmt. Nach dem Tod ihres Mannes hat sie doch alles verschenkt, was sie nicht unbedingt ihren Kindern vermachen musste. Einige ihrer Kinder waren ganz schön sauer. Und wie die jetzt lebt! Und das in ihrem Alter!*

Ansprache (Fortsetzung)

Ein starkes Stück für die Leute, Birgitta hat ihr Vermögen an Arme verteilt. Sie lebt jetzt in Rom. Aus der Ferne, so musste sie einsehen, ließ sich nicht wirkungsvoll für Frieden und Versöhnung kämpfen. Sie verlässt ihre Heimat. Sie meint, von Rom aus wirkungsvoller auf die Rückkehr des Papstes hierher dringen zu können. Dann erst vermag er sich nachhaltig für Versöhnung zu engagieren.

Versöhnungsarbeit gesteht Niederlagen ein. Sie sucht aber nach neuen Möglichkeiten und Wegen.

Natürlich redet man über diese ältere Frau mit ihrem Lebensstil. Und dann geht sie auch noch betteln. Das Geld aus Schweden kommt nicht immer pünktlich an für die kleine Gruppe um Birgitta. Dann bettelt sie eben auch. Der Spott stört sie schon lange nicht mehr. Sie hat gelernt, Wichtiges von Unwichtigem zu unterscheiden.
Versöhnungsarbeit verändert die Maßstäbe. Sie lehrt, die eigene Person nicht mehr so nachhaltig vom Urteil anderer abhängig zu machen.
Birgitta setzt sich mit manchmal unwahrscheinlich harten Worten für ihr Anliegen ein. Sie scheut sich nicht, Versagen als Versagen zu benennen. Sie führt vor Augen: Versöhnungsarbeit besteht nicht aus dauernden Kompromissen und stetem Streben nach Harmonie. Sie kann Phasen der Härte und Schärfe mit sich bringen.
Birgitta ist eine unbequeme Lehrerin und Mahnerin. Sie stellt hohe Anforderungen an den Einsatz für Versöhnung. Über Menschen wie sie urteilt ein Psalmendichter der Bibel (in Psalm 1,6): »Gott kennt den Weg der Gerechten, aber der Gottlosen Weg vergeht.«

Instrumentalmusik

Gespräch in Kleingruppen

Welche Impulse für Versöhnung sind für uns wichtig geworden?

Zeichen der Ermutigung

(In den Bankreihen liegen vor jedem Platz ein Efeuzweig und ein Stein oder diese werden jetzt verteilt. Die Gottesdienstbesucherinnen und -besucher werden gebeten, beides in die Hand zu nehmen.)
Versöhnung ist ein schwieriger Prozess. Er bedarf der Geduld, des langen Atems, der Hartnäckigkeit. Wie Steine eine Pflanze am Wachsen hindern können, so drohen Widerstände das Anliegen zu ersticken. Doch Birgitta lässt Resignation nicht gelten.

Wenn der Wunsch nach Versöhnung stark und zielstrebig ist, setzt sich die Pflanze gegen die Widerstände durch.

Birgitta gibt uns diese Worte mit:
»Gesetzt, es wäre ein Kern in die Erde gepflanzt. Auf diesen wird etwas Schweres gelegt, sodass er nicht in die Höhe kommen kann. Ist dieser Kern von guter, kräftiger Beschaffenheit, so sucht er um die Erde herum seinen Anfang an der Stelle, wo eine mindere Beschwerung stattfindet. Hier wurzelt er so tief und fest ein, dass er nicht allein schöne Frucht bringt, sondern sich über das ausdehnt, was die Beschwerung bildet.«
(Wer möchte, nimmt den Stein und den Efeu mit nach Hause. Efeu, ins Wasser gestellt, entwickelt Wurzeln und lässt sich einpflanzen.)

Lied
Im Jubel ernten
(Mein Liederbuch 2, B 213)

Gebet der Birgitta
Gott, sieh an das Vergießen unseres Blutes
und die Schmerzen und Tränen
der Ehefrauen und unserer Söhne.
Schaue an unsere Hungersnot
und unsere Schmach,
unsere Wunden und unsere Einkerkerungen,
das Abbrennen unserer Häuser
und die Gewalttätigkeiten
und die Schmach der Mädchen und Frauen.
Siehe an das Unrecht der Kirche und des ganzen Klerus
und schaue die trügerischen Versprechen der Fürsten
und Könige
und die Verrätereien und Erpressungen,
welche sie mit Zorn und Gewalt betreiben,
weil sie sich nicht um uns kümmern;

wie viele Tausende müssen sterben,
um ihre Herrschaft zu befriedigen.

Vaterunser

Segen

Weisheit zieht ein in dein Herz.
Erkenntnis beglückt deine Seele.
Besonnenheit wacht über dir.
Einsicht behütet dich.
Darum geh auf dem Weg der Guten,
halte dich an die Pfade der Gerechten.
(Sprüche 2, 10.11.20)

Praktische Hinweise

· *Efeuzweige und kleine Steine besorgen.*

Vorschlag für Gruppen

Dennoch wachsen

In der Mitte liegen einige Steine, unter denen sich ein langer Efeuzweig herausschlängelt. Kleine Zweige und Steine liegen auf einem Tisch bereit.

Einstimmung

Die Pflanze in unserer Mitte wirkt wie eine, die Mühe hatte zu wachsen. Sie konnte nicht an der Stelle emporkommen, an der sie wurzelte. Die Steine über ihr waren schwer. Sie musste sich einen Ausweg suchen. Sie vermochte schließlich eine Lücke zu finden, um von ihr aus ans Licht zu dringen. Sie hat die Beschwernisse und Hemmnisse überwunden.
Wir vergleichen unser Leben manchmal mit einer Pflanze. Wie sie möchten wir etwas erreichen, ein Ziel ansteuern, einen Plan verwirklichen. Aber das gelingt oft nicht geradlinig. Hindernisse legen sich uns in den Weg, drücken uns nieder.

Moment der Stille

Jede Teilnehmerin erhält einen kleinen Stein. Sie hat Zeit, mit dem Stein in der Hand darüber nachzusinnen, wann sich ihr in ihrem Leben Steine in den Weg legten.

Kleingruppengespräch

Die Teilnehmerinnen tauschen sich aus: Welcher Plan ließ sich bei mir nicht geradlinig verwirklichen? Welches Ziel nur durch Hemmnisse hindurch? Welche Umwege musste ich gehen?

Worte Birgittas

Im Plenum werden Gedanken Birgittas zweimal verlesen:
»Gesetzt, es wäre ein Kern in die Erde gepflanzt. Auf diesen wird etwas Schweres gelegt, sodass er nicht in die Höhe kommen kann. Ist dieser Kern von guter, kräftiger Beschaffenheit,

so sucht er, wenn er vor dem obern herabdrückenden Gewichte nicht aufwärts kommen kann, um die Erde herum seinen Anfang an der Stelle, wo eine mindere Beschwerung stattfindet. Hier wurzelt er so tief und fest ein, dass er nicht allein sehr schöne Frucht bringt, sondern der Stamm auch, wenn er fest aufwächst, alles, was den Anfang hemmt, vernichtet und sich über dasjenige ausdehnt, was die Beschwerung bildet.«

Gemeinsame Überlegung
Was hat geholfen, die Steine zu überwinden?

Nochmaliges Lesen der Worte Birgittas

Ermutigungszeichen
Jede Teilnehmerin erhält einen kleinen Efeuzweig. Wenn er einige Zeit im zimmerwarmen Wasser gestanden hat, entwickeln sich Wurzeln. In einem Glas gemeinsam mit dem Stein kann er an unsere Kraft und Energie erinnern.

Abschluss
Gott, du willst, dass wir Menschen werden,
die die Fähigkeiten entwickeln,
die du ihnen gegeben hast.
Wir bitten dich:
Gewähre uns genug Zeit, damit wir wachsen können.
Stärke unsere Phantasie,
damit wir Wege finden
zu den Zielen,
zu denen wir hinstreben.

Praktische Hinweise
- *Kleine Steine, einen langen und zahlreiche kürzere Efeuzweige besorgen.*

Julian of Norwich

(um 1343 – nach 1416)

In der kurzen, aber sehr intensiven Epoche der englischen Mystik entsteht die Schrift »Offenbarungen von göttlicher Liebe«, verfasst von einer Klausnerin, deren Name nicht bekannt ist. Sie wird nach der Kirche benannt, an die ihre Klause angemauert war: Julian of Norwich. In ihrem Werk treten die Passionsgeschichte und in einer weiteren Fassung der »Offenbarungen« die Vorstellung von Gott als »Mutter« hervor. Sie gilt aber auch als »Dichterin der Dreieinigkeit«. Wir haben uns als Thema für den Gottesdienst für den letztgenannten Aspekt entschieden, weil »die Dreieinigkeit«, »die dreieinige Gottheit« für nicht wenige Menschen Schwierigkeiten im Verständnis bietet. Das liegt vielleicht daran, dass die Zahl »drei« zu eng gefasst wird. Von alters her meint diese Zahl keine enge Begrenzung, sondern will auf die Unausdenkbarkeit und Unerschöpflichkeit hinweisen. Im christlichen Kontext können wir es so umschreiben: Gott ist Schöpfer und erhält den Kosmos, ist aber auch Menschlichkeit (Christus) und auch inspirierende, belebende Kraft (Geist). In alldem ist die Gottheit unfassbar, immer neu überraschend. Die Unausschöpflichkeit entdecken wir gleichnishaft in vielen Bereichen: zum Beispiel in der Musik. Wir haben neben Julian Gedanken von Hildegard von Bingen und Mechthild von Magdeburg hinzugezogen, die sich ebenfalls anschaulich zu diesem Thema äußern. Es ergaben sich drei inhaltliche Kreise:

Schöpfung	*Julian of Norwich*
Musik	*Mechthild von Magdeburg*
Dreieinigkeit	*Hildegard von Bingen*

Die Gruppenarbeit konzentriert sich auf die Aspekte Kreuz Jesu – Jesus im Vergleich zu einer Frau am Kreuz. Julian bietet hier nachdenkenswerte Impulse, um über das eigene Verständnis nachzusinnen.

Lob sei der Dreieinigkeit!
Julian of Norwich – Hildegard von Bingen – Mechthild von Magdeburg

Lied

Kanon: Im Namen, der uns Vater und Mutter ist

(Mein Kanonbuch, 230)

Gebet

Du bist das Feuer, das immer lodert, ewige Dreieinigkeit!
Du bist gerade, ohne jede Winkelzüge.
Du bist lauter, ohne jede Doppelzüngigkeit, und großmütig, ohne jede Verstellung.
Richte das Auge deines Erbarmens auf deine Geschöpfe!
Ich weiß, dir ist die Barmherzigkeit zu eigen.
Wohin ich mich auch wende,
überall treffe ich dein Erbarmen.
Deshalb eile ich und rufe laut vor deiner Barmherzigkeit:
Handle barmherzig an der Welt!

(Catarina von Siena)

Meditative Musik

Themenkreis I – Schöpfung

Zum Nachdenken:

Sprecher/in 1: Die Gottheit wirkt auf vielfältige Weise. Nie können wir sagen: Wir haben sie abschließend erkannt. Sie ist lebendig und unerschöpflich. Die Menschen haben versucht, diesen Reichtum mit der heiligen Zahl »drei« anzudeuten. Die Gottheit wirkt nicht auf eine einzige Weise.

Spr. 2: Die heilige Zahl »drei« weist aber über sich hinaus. Sie weist auf Unendlichkeit hin, auf eine unendliche Weite und Tiefe, die wir nicht fassen können. Wir behelfen uns. Wir sagen: Die Gottheit lebt und wirkt dreifaltig. Wir wissen aber, wie vorsichtig wir uns damit an sie herantasten.

Spr. 3: *In der Schöpfung eröffnet sich uns der göttliche Reichtum auf eindrückliche Weise. Das hat eine englische Mystikerin besonders beschäftigt. Sie gilt auch als »Theologin der Dreifaltigkeit«: Julian of Norwich. Im Jahre 1342 ringt sie mit einer schweren Krankheit. Zwischen Wachen und Träumen bespricht sie alles, was sie im Glauben nachdenklich stimmt und umtreibt, mit Gott. Bilder und Visionen suchen sie heim. Später schreibt sie:*

Spr. 1: *»Gott ließ mich ein kleines Ding schauen in der Größe einer Haselnuss. Ich blickte es an und dachte: Was mag dies wohl sein? Und mir wurde die Antwort zuteil: Es ist alles, was geschaffen wurde. Ich staunte, wie es bestehen könne, denn mich dünkte, es sei so klein, dass es plötzlich zu nichts zerfallen könne. Und es wurde mir geantwortet: Es besteht jetzt und immerdar, weil Gott es liebt. Und so haben alle Dinge durch Gottes Liebe ihr Sein. Dreierlei sah ich in diesem kleinen Ding: erstens, dass Gott es schuf, zweitens, dass er es liebt, und drittens, dass er es erhält. Aber – was hat das mir zu bedeuten?*
Dass er wahrhaftig der Schöpfer, der Liebhaber und Erhalter ist.«

Vor der Lesung erhalten die Gottesdienstbesucher und -besucherinnen eine kleine Frucht oder eine Haselnuss, die sie während des Textes anschauen können.

Gruppengespräch

In den Gruppen tauscht sich die Gemeinde darüber aus, wo ihr der Reichtum der Schöpfung besonders bewusst geworden ist.

Lied

Alles, was atmet

(Mein Liederbuch 2, B 166)

Themenkreis 2 – Musik

Zum Nachdenken

Spr. 1: *Die Musik eröffnet uns mit ihrem Dreiklang Einheit und Vielheit. Die Obertöne entfalten sich auf einem gemeinsamen Grundton.*
Früher stellten sich die Menschen die göttliche Welt klangerfüllt vor. Durch die Musik konnten sie an ihr teilhaben. Gesang und Instrumentenklang verbanden Himmel und Erde. Musik galt als Heilmittel, das uns auf unseren Irrwegen wieder zur Gottheit zurückzulocken vermochte.

Spr. 2: *Hildegard von Bingen, die weise Mystikerin vom Rupertsberg über dem Rhein, sang:*

»Lob sei der Dreieinigkeit!
Sie ist Klang und Leben,
Schöpferin des Alls,
Lebensquell von allem.«

Spr. 3: *Ungefähr hundert Jahre später dichtet Mechthild von Magdeburg:*

»Und wie die Gottheit klingt
und die Menschheit singt
und der Heilige Geist die Harfen des Himmels spielt,
dass alle Saiten erklingen.«

Spr. 1: *Wir wollen diesen dreifachen Klang miteinander wahrnehmen. Er ist dreifach und weist doch in seiner Fülle über die »Drei« hinaus.*

Lied

Gemeinsames Singen eines dreistimmigen Kanons

Ich will den Herren loben allezeit

(EG 335)

Themenkreis 3 – Dreieinigkeit

Bildbetrachtung

Hildegard von Bingen, Die wahre Dreiheit in der wahren Einheit Scivias-Codex, Tafel II, Schau II, 2

Spr. 1: Wir sehen zwei Kreise, aus denen eine Gestalt hervortritt. Die Farben in den Kreisen wirken licht. Strahlend hell und silbrig im Äußeren. Goldrot und warm im Inneren. Die Kreisform weist auf die Ewigkeit. So wie ein Kreis keinen Anfang und kein Ende aufweist, so bekennen wir es auch von der Gottheit. Klar leuchtend eröffnet sie uns neue Dimensionen und wahres Leben. »Du bist lauter, ohne jede Doppelzüngigkeit«, beteten wir zu Beginn des Gottesdienstes.

Spr. 2: Die Gottheit inspiriert uns. Sie erweckt Einsichten in uns. Sie entzündet unsere Phantasie. Der göttliche Geist verändert unser gewohntes Denken. Er feuert uns an, unsere eingefahrenen Routinen zu verlassen. Unser Dasein erscheint in einem neuen Licht. Unsere Worte klingen mitreißend und überzeugend. Unser Engagement erhält weitere Perspektiven. Deshalb wünscht Hildegard von Bingen: »Das Licht vom Lichte leuchte in dir.«

Spr. 3: Aus dem Licht tritt eine Gestalt hervor. Sie trägt ein blaues Gewand. Blau – die Farbe der Ewigkeit. Die Gestalt gehört der göttlichen Sphäre an. Als Mensch ist sie aber auch unserer Welt eng verbunden. Sie durchbricht die Grenze zwischen Himmlischem und Irdischem. Sie vermittelt zwischen beiden. Christus kommt. Chris-

tus lädt uns zum Mitgehen ein, damit unsere Gedanken klarer, unsere Handlungen eindeutiger und unser Glaube sprühender werden. Er kommt, damit wir gottgemäßer werden, denn: »Es ist euch verkündet, dass Gott ein Licht ist« (1. Joh 1,5).

Musik

- *Hören einer Komposition Hildegard von Bingens.*
- *Austeilen von Kunstpostkarten »Die wahre Dreiheit in der wahren Einheit«.*

Lied

Großer Gott, wir loben dich

(EG 331,1.5.10 und 11)

Vaterunser

Segensgebet

Möge der Gott der Liebe,
der seine Liebe zu teilen bereit war,
uns stärken in unserer Liebe zu anderen.

Möge der Sohn,
der sein Leben zu teilen bereit war,
uns voller Gnade dazu stark machen,
unser Leben zu teilen.

Und möge der Heilige Geist in uns wohnen
und uns dazu stärken,
allzeit und freimütig für andere da zu sein.

(aus: Gebete aus der Ökumene 4, EMW Hamburg, Missionshilfe Verlag 1999, S.145)

Segenslied

Bewahre uns, Gott

(EG 171,4)

Praktische Hinweise

- *Haselnüsse besorgen.*
- *Dia und Kunstpostkarte »Die wahre Dreiheit in der wahren Einheit« bestellen.* (Bezugsadresse s. Anhang)
- *Komposition Hildegard von Bingens auswählen.*

Vorschlag für Gruppen

Kreuzesbilder betrachten

Themeneinstimmung in Kleingruppen

Für diese Gruppenarbeit werden möglichst viele verschiedene Postkarten, Bilder, Zeichnungen etc. mit Kreuzesdarstellungen benötigt.

Postkarten sind am besten in Kirchen und Museen zu bekommen, es gibt aber auch eine große Anzahl Bücher, in denen Kreuzesszenen abgebildet sind. Bei der Auswahl sollte Wert auf möglichst verschiedene Darstellungen gelegt werden. Neben den bekannten europäischen Kreuzesdarstellungen bieten sich z.B. lateinamerikanische und afrikanische Darstellungen, auch Hungertücher, an. Auch das Kreuz als wachsender Baum oder nur schemenhaft als farbenprächtiges mutmachendes Symbol sind geeignet.

Die Postkarten etc. werden für alle Teilnehmerinnen gut sichtbar auf einem Tisch ausgebreitet. Nach einer Weile der stillen Betrachtung werden die Teilnehmerinnen gebeten, sich für eine für sie besonders positive und/oder negative Darstellung zu entscheiden.

In Gruppen von vier bis fünf Frauen werden die Gedanken zu den Darstellungen ausgetauscht. Bei dieser Gruppenarbeit kann es zu intensiven Diskussionen über die Probleme, die Frauen nicht selten mit Jesu Tod am Kreuz haben, kommen.

Leitfragen:

· *Warum spricht mich diese Darstellung an? – Oder:*
· *Warum bereitet mir diese Darstellung Schwierigkeiten?*

Musik hören

Passionsmusik – z.B. aus der Matthäuspassion.

Information

Hinweise auf Julian of Norwich (s. Einleitung zu Julian).

Arbeit mit Aussprüchen Julians zu Jesus als Frau

Es werden vier Poster mit Aussprüchen aufgehängt oder ausgelegt:

»Jesus ist unsere wahre Mutter.«

»In seinem heiligen Sterben am Kreuz gebar er uns zu ewigem Leben.«

»In ihm haben wir unser Leben. Er ist der Grund aller Mütterlichkeit.«

»Unser Heiland ist unsere wahre Mutter, in ihm werden wir ewig geboren, in ihm sollen wir immer bleiben.«

Austausch: Wie wirken die Aussprüche Julians auf mich?

Bildbetrachtung

Wir sehen eine ungewohnte Kreuzesdarstellung, die Darstellung einer Frau am Kreuz. Vielleicht wirkt es erst einmal befremdend auf Sie, vielleicht spricht es Sie allmählich an. Es ist sicher nicht leicht, auf dieses Bild zu reagieren. Manche Frauen finden es befreiend, dass Schmerz und Gewalt endlich auch für Frauen ihren Ausdruck finden. Andere empfinden das Bild lähmend, so als könnten wir sowieso nichts gegen Gewalt ausrichten. Lassen Sie es eine Zeitlang auf sich wirken.

(Abbildung: Frau am Kreuz: »Crucified Woman« aus einer Kirche in Toronto, aus: Schlangenbrut Nr. 41, 11. Jg., 1993)

Gespräch
(Zwei oder drei Frauen sitzen zusammen)
- *Wie wirkt dieses Bild auf mich?*
- *Belastend oder eher befreiend?*

Abschlussmeditation
O Gott,
durch das Bild einer Frau,
am Kreuz gekreuzigt,
verstehe ich endlich.

Denn mehr als die Hälfte meines Lebens
schämte ich mich
der Wunden, die ich trage.
Diese Wunden erzählen eine hässliche Geschichte,
eine alltägliche Geschichte,
über ein Mädchen, das das Opfer ist,
wenn ein Mann seine Phantasien auslebt.

In der Wärme, dem Frieden und dem Sonnenlicht
deiner Gegenwart
konnte ich meine fest geballten Fäuste entfalten.
Zum ersten Mal
fühlte ich deine leidende Gegenwart bei mir
bei diesem Vorfall.
Ich kannte dich als verletzliches Baby,
als Bruder, und als Vater.
Jetzt kenne ich dich als Frau
(...)
Meine Tränen fallen nun
für den Mann genauso wie für die Frau.

Du schämst dich deiner Wunden nicht.
Du zeigtest sie Thomas
als Zeichen deiner Qual und deines Todes.

Ich will diese Wunden von mir nicht länger verstecken.
Ich will sie in Würde tragen.
Sie erzählen eine Geschichte der Auferstehung.
»Durch Seine Wunden Wurdest Du Geheilt.«

(Unbekannte Autorin nach 1. Petrus 2,24; aus: Schlangenbrut Nr. 41, 11. Jg, 1993; Übersetzung: Gabriele Gummel; aus: Thistlethwaite, Susan: Sex, Race, God, 1989)

Praktische Hinweise

· *Bilder, Karten mit verschiedenen Kreuzesmotiven sammeln.*
· *Bild der gekreuzigten Frau kopieren.*
· *Passionsmusik (z.B. Matthäuspassion) aussuchen.*

Catarina von Siena

(1347 – 1380)

Wie Birgitta von Schweden gehört Catarina von Siena zu den sogenannten »politischen Mystikerinnen«. Sie engagiert sich für Frieden und Reform der Kirche. Ihre Kirchenkritik ist hart und schonungslos. Nie jedoch spielt sie mit dem Gedanken, sich von ihr abzuwenden, was in diesen Zeiten ja auch geschah.

Sie leidet unter den Missständen. Sie überlässt die Kirche nicht sich selbst. Sie setzt sich ein.

Wir haben aus ihren Werken Aussprüche über die Kirche herausgesucht, die auch heute zum Nachdenken anregen. Durch sie inspiriert, können Menschen miteinander ins Gespräch kommen, sich Problemen stellen und Perspektiven entwickeln.

Obgleich Catarina von Sienas Lebensphase sehr viel kürzer ist als die der Birgitta, fällt auch hier die Schwierigkeit auf, den eigenen Weg den individuellen Fähigkeiten gemäß zu entdecken und zu gestalten. Mit einem Text zum Vorlesen leitet die Gruppenveranstaltung eine Diskussion über dieses Thema ein.

Gottesdienstentwurf

»... dass die Kirche zu ihrer ursprünglichen Armut und Demut zurückkehre.«
Catarina von Siena

Einstimmung

Verlesung einer Meldung

Avignon anno Domini 1376. Eine seltsame Gruppe, aus Italien kommend, weilt in unserer Stadt. Unter Führung einer jungen Frau reiste eine sogenannte »famiglia«, bestehend aus Frauen und Männern jeglichen Alters und jeglicher Bildung, in unsere Residenz ein. Auch Theologen befinden sich vor Ort. Trotz emsigster Bemühung der Diplomatie gelang es ihnen, zum Papst vorzudringen. Dort soll die Anführerin der Gruppe, eine gewisse Catarina Benincasa, aus Siena stammend, Ihrer Heiligkeit die heftigsten Vorwürfe gemacht haben. Gerüchten zufolge forderte sie sie auf, nach Rom zurückzukehren, um ihre Friedenspolitik aufzunehmen. Kardinäle und Diplomaten zeigten sich empört.

Lied

O komm, du Geist der Wahrheit
(EG 136)

Gebet

O ewiger Gott,
o Licht über jedem Licht,
von dir geht jedes Licht aus!
Dein Licht, o Gott,
macht sichtbar,
was sich an Gutem erkennen lässt.
(Catarina von Siena)

Biblische Lesung

1. Johannes 1,5–7

Lied

Kanon – Sende dein Licht und deine Wahrheit

(Mein Kanonbuch, 362)

Erzählung

Aufsehen erregt die bunt gemischte Gruppe, die im 14. Jahrhundert durch Italien zieht: Frauen und Männer jeden Alters und von unterschiedlicher Bildung und Herkunft gehören ihr an. Diese Gruppe taucht immer dann in einer Stadt auf, wenn kriegerische Konflikte drohen. Sie redet den Mächtigen ins Gewissen. Selbst vor dem Papst macht sie nicht Halt. Angeführt wird die Gruppe von Catarina Benincasa, einer Wollfärberstochter aus Siena.

Wir hörten vorhin eine aufgebrachte Meldung über diese Gruppe.

Was steckt hinter dieser Aktion? Es ist richtig, eine Frau ist mit ihrer »famiglia«, einem Kreis von Freundinnen und Freunden, nach Avignon gekommen. Diese Gemeinschaft fand sich um die noch junge Catarina von Siena zusammen, die sie aber dennoch ihre Mutter nennen. Eine bemerkenswerte Gemeinschaft ist es: Sie setzt sich aus Angehörigen aller Bildungsschichten zusammen. Catarina selbst verfügt über keine ausgesprochen solide Bildung. Aber sie lernt, lernt von den Theologen, besonders von ihrem Beichtvater Raimund von Capua, bis sie schlagende politische Briefe schreiben kann und meditative Gebete zu diktieren vermag. Die Gruppe verfolgt aufmerksam die Geschehnisse in Kirche und Politik. Wo Konflikte und Kriege herrschen, greift sie ein. Notfalls erscheint sie selbst an Ort und Stelle. »Frieden« ist ihr Losungswort. Catarina ist überzeugt: Der eigentliche Friedensvermittler müsste der Papst sein. Er könnte wie kein anderer in Italien, das von Kämpfen heimgesucht wird, eingreifen. Aber ihm sind die Hände gebunden, weil er in Frankreich lebt, in Avignon, seit 1309. Bequemer und angenehmer als in Rom, wo sich die Adelsfamilien anfeinden, aber politisch abhängig vom französischen König. Gewiss, der jetzige Papst, Gregor XI., denkt über eine Rückkehr nach. Aber er ist ein zögerlicher Mensch und kann sich nicht zur Tat durchringen. Seine Ratgeber tun das ihre, um das angenehme Leben in Frankreich beizubehalten. Bis, ja bis Catarina kommt.

Lied

Kanon – Sende dein Licht und deine Wahrheit

(Mein Kanonbuch, 362)

Statements zur Kirche

Die Vorbereitungsgruppe liest Worte Catarinas vor und heftet sie an Stellwände.
Die Karten mit den Worten sind jeweils mehrfach vorhanden und liegen auf den Tischen bereit.

»... dass die Kirche zu ihrer ursprünglichen Armut, Demut und Milde zurückkehre, zu jener heiligen Zeit, als die Hirten nichts anderes im Auge hatten als die Ehre Gottes und das Heil der Seelen.«

»Gott will nicht, dass man nach den Reichtümern der Welt, nach ihrem Ruhm und Pomp schielt.«

»Verwertet die euch anvertrauten Talente.«

»Ach, wie sehr muss man sich schämen, wenn man jene, die ein Vorbild in freiwilliger Armut sein und das Kirchengut an die Armen verteilen sollten, in den Kostbarkeiten, in Pomp und in der Eitelkeit der Welt schwelgen sieht.«

»Ich möchte Sie ohne alle Menschenfurcht sehen.«

»So muss man standhaft, stark, unerschütterlich und geduldig sein. Sonst wäre man kein Diener Gottes.«

»Im Lichte des Glaubens erlange ich Weisheit.«

»Wer nichts Gutes wirkt, tut eben damit schon Unrecht.«

»Euer Leben sei in den Augen der Weltleute immer beispielhaft, den Sitten der Welt nicht angepasst.«

»Feigheit ist es, etwas zu beginnen und nicht zu Ende zu führen.«

»Gott erfreut sich an wenig Worten, doch an zahlreichen Werken.«

Gott sagt über die Kirche:
»Sie ist in der Liebe gegründet und ist selbst Liebe.«

»Ich bitte euch, steht fest und haltet aus in eurem guten Beginnen. Nichts soll euch umstimmen.«

»Gott, du willst, dass wir dir auf verschiedene Weise dienen. Du führst uns auf verschiedene Weisen und Wegen.«

Zeit zum Herumgehen und Lesen

Gruppengespräch

Die Gottesdienstbesucherinnen und -besucher nehmen sich ein Wort, das sie besonders anspricht, in die Gruppe mit.

Austausch in der Gruppe

Warum ist dieser Ausspruch, den ich ausgewählt habe, für die Kirche, für den Glauben wichtig?

Aktion

Die Vorbereitungsgruppe entfernt während der Zeit des Ge-

sprächs die übrig gebliebenen Karten von den Stellwänden. Sie hängt einen Bogen Makulaturpapier mit den Umrissen oder dem Grundriss des eigenen Kirchengebäudes auf. Die Karten aus den Gruppen werden eingesammelt und die am meisten gewählten mit kurzen Kommentierungen angeheftet.

Lied

Kanon
Feuer auf die Erde
(Kanonbuch, 113)

Zum Nachdenken

»Was ist meine Natur, unergründliche Liebe?
Feuer ist sie, weil du selbst nichts anderes bist als ein Feuer der Liebe.«

Catarina ist ein spannungsreicher Charakter. Das spüren wir, wenn wir ihre Schriften durchblättern: Briefe voll Biss und Schärfe wechseln mit sensiblen, meditativen Gebeten ab. Engagement für den Frieden steht im Kontrast zu Kriegsaufrufen gegen »Ungläubige«. Gehaltensein in der Gemeinschaft wechselt mit Phasen selbstzerstörerischer Überforderung, die zu ihrem Tod führen.
Gott als feuriger Geist ist das Lieblingsbild Catarinas. Dieses Feuer entflammt Einzelne und Gemeinschaften. Es ermutigt sie, die Kirche nicht sich selbst zu überlassen, sondern sie umzuwandeln zu einer Kirche des Friedens.
Was wäre aus unsern Kirchen geworden ohne diese Gemeinschaften, die sie wie eine Lichtkette durchziehen durch die Jahrhunderte hindurch bis heute? Gewiss – es sind niemals fehlerfreie Gruppen. Doch ohne sie wären die Kirchen kälter, die Welt friedloser und Gottes lebendiger Geist seltener unter uns spürbar.

Wir haben uns von der Gemeinschaft um Catarina von Siena inspirieren lassen. Wir wollen ihre Impulse mitnehmen, begleitet von ihrem Wort:

»Dein Licht, Gott,
macht sichtbar,
was sich an Gutem erkennen lässt.«

Meditative Musik

Gebet
O Gott,
lass durch die Kraft deines Heiligen Geistes
unsere Herzen brennen,
dass wir zusammen mit anderen daran arbeiten,
die Welt mehr und mehr nach deinem Willen zu gestalten,
dass wir aufgerüttelt werden,
zu beten und zu arbeiten
für die Förderung deines Reiches,
und dass es voller Freude bejaht werden möge
bis an die Enden der Welt.

(nach: Gebet aus Harare, aus: Gebete aus der Ökumene 4, EMW Hamburg, Missionshilfe Verlag 1999, S.120)

Vaterunser

Segen
»Gott sei mit euch.
Verharrt in der Liebe Gottes.«
(Catarina von Siena)
So segne euch der dreieinige Gott
und begleite und bestärke euch.

Lied
Fürchte dich nicht
(EG 607, Ausgabe Nordelbien)

Praktische Hinweise
· *Karten mit Worten Catarinas beschriften und vervielfältigen.*

- *Grundriss oder Umriss des eigenen Kirchengebäudes zeichnen.*
- *Stellwände und Tische aufstellen.*
- *Tesakrepp bereitstellen.*
- *Musikstück auswählen.*

Vorschlag für Gruppen

»Der eine kann dies, der andere kann jenes«

Vorlesen

Am 25. März des Jahres 1347 gebar die Frau des Wollfärbers Benincasa in Siena ihr fünfundzwanzigstes Kind, ein zartes Mädchen. Zuerst sah es so aus, als ob das Baby nicht überleben würde. Doch dann erholte die kleine Catarina sich und überstand die ersten Jahre ihres Lebens ohne Krankheiten und Probleme. Sie war ein eigenartiges Kind. Nichts liebte sie mehr, als zu beten, als sich rührend um kranke Tiere zu kümmern oder um ihre Geschwister, wenn diese Schmerzen hatten. Stundenlang konnte sie still in einer Ecke sitzen und mit großen, nachdenklichen Augen die Welt betrachten.
»Das Kind denkt zuviel«, sagte die Mutter besorgt. Und der Vater meinte: »Etwas mehr frische Luft täte diesem Stubenhocker gut.« In einem Alter, da andere Kinder mit Puppen spielten, gelobte Catarina, niemals zu heiraten. Sieben Jahre zählte sie, als sie nach einer nächtlichen Vision, in der ihr Christus erschienen war, diesen Schwur ablegte.
Der Vater entsetzte sich: »Was soll bloß aus diesem Kind werden! Natürlich muss Catarina heiraten. Und zwar einen Mann, der aus meinem Handwerk stammt.« Die Mutter strich ihrer kleinen Tochter über das Haar, seufzte und sagte: »Ach Kind, du weißt doch gar nicht, wovon du sprichst. Du bist doch viel zu jung, um zu wissen, wie dein ganzes Leben aussieht.«
Aber Catarina beharrte darauf, ihr Leben Christus allein zu weihen.

Es waren harte Zeiten, in denen Catarina aufwuchs. Ein Jahr nach ihrer Geburt hatte die Pest über achtzigtausend Menschen in und um Siena dahingerafft. Hungersnöte und andere Seuchen versetzten die Menschen in jenen Jahren in Angst und Schrecken. Die Kirche hatte sich in zwei Lager gespalten, der

Papst residierte nicht mehr, wie seine Vorgänger, in Rom, sondern in Avignon. Es stand schlimm um die Christenheit, und es verging kein Tag, da Catarina nicht um Rettung der Kirche und um Hilfe für die vielen Menschen flehte.
Ihre Eltern hatten sich getäuscht, wenn sie geglaubt hatten, dass Catarina mit zunehmendem Alter von ihrem Vorhaben absehen würde, sich ganz Gott zu weihen. Als das Mädchen zwölf Jahre alt war, rief ihr Vater es zu sich und sprach: »Die Zeit ist gekommen, dass du heiratest. Du bist nun erwachsen.«
Da sagte Catarina sanft, aber bestimmt: »Vater, du weißt, dass ich mein Leben Gott geweiht habe. Und nichts wird mich je davon abbringen. Meine Bahn ist mir vorgezeichnet, und auch du kannst nichts daran ändern.«
Sosehr die Eltern das Mädchen auch bedrängten, Catarina blieb hart. Sie zog sich immer öfter in ihre Stube zurück, wo sie tage- und nächtelang fastete und betete.
Dazwischen schuftete sie wie eine Dienstmagd für ihre Eltern, ernährte sich von Kräutern und Quellwasser und suchte mit ganzer Seele Gott. Ihre Eltern gaben schließlich nach und erlaubten der eigensinnigen Tochter, dem Dritten Orden des Heiligen Dominikus beizutreten. Drei Jahre lang lebte sie nun als Novizin, in Gebet und Fasten vertieft. Gerade neunzehn Jahre war Catarina alt, als ihr eines Nachts Christus erschien. Er überreichte Catarina einen Ring und sprach zu ihr: »Tu von nun an, meine Tochter, was ich dir bestimme. Wanke niemals in deinem Glauben, den ich selbst dir gegeben habe. Alle Widersacher wirst du siegreich überstehen, schöpfst du Kraft aus meinem Leiden.«

Wenige Nächte später hatte Catarina wieder eine Vision. Jesus trat zu ihr und sprach zu ihr: »Verlasse diese Zelle, Catarina. Dir ist nicht bestimmt, dein Leben hinter Klostermauern zu verbringen. Du sollst deine Heimat verlassen und in die Welt hinausgehen, denn du wirst meine Stimme sein und zu den Geistlichen sprechen, meine Botschaft Laien und Priestern, Bi-

schöfen und Päpsten verkünden. Darum werde ich dir wie einst meinen Aposteln Weisheit und Sprachgewalt verleihen. Du als schwache Frau bist dazu ausersehen, die Stolzen und Starken zu beschämen und dieser Welt ein Zeichen zu geben.«

Am nächsten Tag verließ Catarina ihr Kloster und ging hinaus in die Welt. Sie war ein zartes, zerbrechliches Wesen, aber in ihr steckte ein mächtiger Glaube und die Liebe zu aller Kreatur. Aufopferungsvoll pflegte sie die Kranken, saß am Lager der Sterbenden und heilte viele durch ihr Gebet. Im Jahre 1374 brach die Pest wieder aus, und Catarina betreute mit einigen Mitgliedern ihres Ordens Pestkranke.
In den nächsten Jahren bildete sich um Catarina ein Kreis aus weisen Männern, Frauen, Laien und Priestern. Sie schrieb an den Papst in Avignon und mahnte den französischen König, den Heiligen Vater zurück nach Rom zu schicken. Sie tadelte Politiker und beriet den Bischof von Siena in vielen Fragen des Glaubens. Unsagbar litt sie unter dem Schisma der Kirche, das die Christenheit spaltete, und unaufhörlich flehte sie die Geistlichkeit an, diesen Zustand zu beenden. Im Jahre 1380 rief der Papst sie nach Rom, wo sie, aufgezehrt durch Krankheiten, im Alter von eben 33 Jahren starb. Ihre letzten Worte noch galten dem Frieden, den sie für die Kirche, die Menschheit und ihre eigene Seele erbat.

(aus: Das große Buch der schönsten Legenden, hg. von M. v. Schwarzkopf)

Mögliche Fragen zum Gespräch über den Text:

- *Wie war das eigentlich bei mir?*
- *Welche Pläne hatten meine Eltern für mich?*
- *Welche hatte ich selbst?*
- *Welche Begabungen entdecken wir an Catarina?*
- *Welche Gaben sind ihr anvertraut?*
- *Welche Opfer bringt sie?*
- *Welchen Gewinn bringt es, wenn wir unseren Begabungen treu bleiben?*

Abschlusswort zur Gesprächseinheit:

Gott spricht:

»Der eine kann dies, der andere jenes,
sodass einer sich in seiner Not an den anderen halten kann.
Deshalb siehst du, dass der Baumeister den Handwerker braucht
und dieser den Baumeister,
jeder ist auf den anderen angewiesen,
weil der eine nicht vermag,
was der andere kann.
Keiner kommt ohne den anderen aus,
und so verhält es sich in allem.«

(Catarina von Siena)

(Dieser Vorschlag wurde zuerst veröffentlicht in: Roselies Taube, Arbeitsmappe »Trinitatis bis Totensonntag«, © LOGO Buchversand GmbH, Theodor-Neizert-Str. 10, 56170 Bendorf)

Katharina von Genua

(1447 – 1510)

Katharina von Genua gehört zu den weniger bekannten Mystikerinnen im deutschsprachigen Raum. Ihre Lebensgeschichte erscheint auch nicht besonders originell: In eine Adelsfamilie hineingeboren, standesgemäß verheiratet, unglückliche Ehe, Ablenkung durch die in ihren Kreisen üblichen Zerstreuungen – und schließlich »Umkehr« zu einem religiösen Leben mit karitativer Tätigkeit. Und doch unterscheidet sie sich von vielen Zeitgenossinnen: Sie begnügt sich nicht mit einigen »barmherzigen Werken«, sondern sucht und forscht nach grundsätzlicheren organisatorischen Lösungen für die Kranken- und Armenfrage. Wir haben ihr Leben und ihr Werk daher unter das Wort »Salz der Erde« aus Matthäus 5,13–16 gestellt. Ihre Person veranschaulicht, was es für Menschen bedeutet, als dieses »Salz« zu wirken, das wir sein sollen.

Die Gruppenarbeit stellt ein Wort der Katharina von Genua in den Mittelpunkt: »O armer Mensch, worin verlierst du dich? Was machst du aus der kostbaren Zeit, derer du doch so sehr bedarfst?« Diese Einheit eignet sich besonders für das Ende des Kirchenjahres.

Gottesdienstentwurf

Salz der Erde – Katharina von Genua

Einstimmung – Anspiel

Spr. I: Es ist noch nicht da!
Spr. II: Wo bleibt es nur?
Spr. III: Wie lange können wir noch warten?
Spr. I: Nicht mehr lange. Die Kassen sind bald leer.
Spr. II: Der Handel geht zurück.
Spr. III: Alle horten das Geld, das sie noch haben.
Spr. I: Wir sind aufgeschmissen, wenn es nicht herankommt.

Orgel

Vertiefung

Spr. I: Einst wurden Straßen nach ihm benannt. Die Menschen hielten es für so kostbar wie Gold. Städte erlangten durch diese Ware Wohlstand. Der Transport war gut bewacht. Eine Kostbarkeit war einst – das Salz.

Spr. II: Wir können es uns heute kaum noch vorstellen. Salz kaufen wir für wenig Geld im Supermarkt. Wir benutzen es ganz selbstverständlich in der Küche. Routinemäßig stellen wir Salzstreuer auf den Tisch. Wie wichtig es ist, merken wir erst, wenn wir es nicht mehr haben.

Spr. I: Ich erinnere mich noch an so eine Zeit. Ich war als Kind lange krank. Meine Eltern gaben sich große Mühe, die Speisen schmackhaft zu gestalten. Sie würzten mit verschiedenen Kräutern. Doch oft blieb ein fader Geschmack. »Es schmeckt nach nichts«, beklagte ich mich. Ich freute mich nicht mehr auf das Essen. Ich stocherte lustlos darin herum, bekam schlechte Laune. Überhaupt alles, nicht nur das Essen, erschien mir fade.

Versuch

Zuerst wird eine fade schmeckende Speise herumgereicht, eine ungesalzene, dann eine ganz leicht gesalzene.

Gebet

Herr,
du hast uns in die Welt gestellt,
damit wir Salz der Erde sind.

Aber wir hatten Angst, uns einzusetzen,
Angst davor, gesteinigt zu werden.
Wir wollten nicht hören,
was die »anderen« sagen würden.
Und unser Salz löste sich auf wie Wasser.
Vergib uns, Jesus Christus!

Herr,
du hast uns in die Welt gestellt,
damit wir Licht der Welt sind.
Aber wir hatten Angst vor den Dunkelheiten,
Angst vor der Armut.
Wir wollten die anderen Leute
gar nicht kennenlernen.
Und unser Licht schwand dahin.
Vergib uns, Jesus Christus!

Herr,
du hast uns in die Welt gestellt,
um in Gemeinschaft zu leben.
Du hast uns gelehrt,
zu lieben,
aneinander Anteil zu nehmen,
zu kämpfen für Brot und Gerechtigkeit.
Deine Wahrheit soll in unserem Leben
zur Welt kommen.

So soll es sein: Jesus Christus!

(Peggy M. de Cuehlo, Gebet aus Uruguay; aus: Gebete aus der Ökumene 4, EMW Hamburg, Missionshilfe Verlag 1999, S. 40)

Biblische Lesung

Matthäus 5,13–16

Lied

Ihr seid das Salz der Erde

(Mein Liederbuch 1, B 22)

Vertiefung

»Ihr seid wie Salz. Ihr seid wie diese Kostbarkeit«, sagte Jesus einst zu seinen Jüngerinnen und Jüngern. »Ihr seid das Salz der Erde.« Ihr greift ein, wo das Leben fade ist. Ihr brennt an Stellen, die schadhaft sind.
Was aber ist, wenn das Gewürz selbst fade wird und nicht mehr richtig salzt? Es erfüllt seine Aufgabe nicht mehr. Niemandem ist mit ihm gedient.
Was fade ist, erkennen wir an unserer Zeit. Schnelligkeit, unverarbeitbare, viel zu zahlreiche Informationen, Einheitsvergnügungen machen alles zu einem glatten Einheitsbrei. Da tut es manchmal gut, sich zurückzuversetzen in Zeiten, die uns zunächst einmal nicht so vertraut sind. Wir nehmen Menschen, die in einer Epoche wie Salz wirken, mit Abstand oft klarer wahr als in unserer unmittelbaren Gegenwart. Wir spüren, wie sie in ihrem Umkreis wirkten: kräftigend, belebend. Wir wünschen uns so etwas für unsere Gegenwart.

Lied

Wenn uns das Leben lebendig macht

(Mein Liederbuch 1, B 91)

Veranschaulichung

Im hohen und späten Mittelalter gab es diese Frauen, die wie

Salz wirkten. Es waren nicht nur die prominenten Heiligen, die bis heute sehr bekannt sind, wie Hildegard von Bingen und Catarina von Siena. Es sind auch andere.
Da ist die Frau aus vornehmer Familie mit vorgezeichnetem Lebensweg. Sie verlässt ihn. Sie will ihre eigene Spiritualität leben und sich sozial einsetzen. Sie konzentriert sich aber nicht nur auf gute Werke an Armen und Kranken, wie es weit verbreitet ist. Es reicht nicht aus, ein paar Almosen zu geben. Hier muss nachhaltiger, kraftvoller organisiert werden. Sie tut es.

Szene

Spr. 1: Jetzt sind sie auch noch ins Hospital gezogen!
Spr. 2: Wer?
Spr. 1: Na, dieses Ehepaar Adorno.
Spr. 2: Ach, hat sie ihn dazu überredet?
Spr. 1: Klar! Ich wundere mich schon lange, was sie für einen Einfluss auf ihn hat. Die Ehe war ja alles andere als glücklich. Aber plötzlich interessiert sie sich für den Glauben und bringt ihn dazu, das auch zu tun.
Spr. 2: Er soll ja pleite gegangen sein. Da wird ja mancher plötzlich fromm. Sein früheres Leben, na, ich will ja nichts sagen ...
Spr. 1: Es ist ja gut und schön, dass sie sich um Arme kümmert, seit sie fromm geworden ist. Aber nun gleich in das Armenhospital zu ziehen ...
Spr. 2: Leute gibt es!

Monolog der Katharina von Genua

Sie reden da draußen wohl wieder über mich.
Ich muss mich daran gewöhnen. Ich darf mich nicht darum kümmern.
»O Gott, ich will dich niemals mehr beleidigen. Diese deine Größe und Güte hat mich tief beschämt.«
Gott ist wichtig und die Aufgaben, vor die er mich stellt. Es ist so viel zu tun. Und niemand wird mich hindern.

»Die Liebe kann nicht gehindert werden, und wenn sie gehindert wird, so ist es nicht Liebe.«
Ja, aber ist es Liebe, wenn ich nur die allergrößte Not lindere?
Ist Liebe nicht wie Salz? Kraftvoll, brennend, stark?
Muss ich nicht mehr tun? Anderes tun?
Doch wie?
Und: Werde ich es können?
Doch, ja, Gott, ich vertraue darauf:
»An der Liebe, die du mir gibst, erquicken sich alle meine Fähigkeiten.«

Leise Musik

Information

Katharina von Genua, so nennen wir diese Frau, zieht Konsequenzen. Sie will nicht nur die gröbsten Wunden verbinden. Sie übernimmt weiterreichende Verantwortung. Sie willigt ein, die Leitung des Hospitals zu übernehmen, in das sie zieht. Sie sammelt Frauen und Männer um sich, die sich mit ihr Gedanken machen: Wie können wir die sozialen Missstände grundsätzlicher bekämpfen?
Sie wollen Salz sein. Salz für ihre Umwelt.

Gebet mit Symbolhandlung

(Vorne steht ein großer Glaskrug mit abgestandenem Wasser. Nach jedem Gebetsabschnitt wird Salz in den Krug geschüttet, sodass es wieder kraftvoll und lebendig wird.)

Gütiger Gott,
du willst, dass wir Salz sind,
Salz für die Welt.
Du hast immer wieder Menschen erweckt,
die uns an unseren Auftrag erinnern.

Wir sollen Salz sein.

Salz, das das Leben lebendig macht.

Wir sollen Salz sein,
Salz, das zu erhalten vermag,
das Gottentsprechendes bewahren kann.

Wir sollen Salz sein,
Salz, das schmelzen lässt,
Salz, das Starre und Kälte vertreibt.

Wir sind das Salz der Welt.

Lied
Ihr seid das Salz der Erde
(Mein Liederbuch 1, B 22)

Vaterunser

Segen
Wir brechen auf mit dem Zuspruch Gottes:
»Ihr seid das Salz der Erde.«
Wir brechen auf mit dem Zuspruch:
Gott wird uns die Kraft geben.
Wir brechen auf mit der Hoffnung:
Das Salz wird unsere Taten beleben.
Es segne und begleite uns der dreieinige Gott.

Lied
Ubi caritas et amor
(Mein Liederbuch 2, 248)

Praktische Hinweise
· *Eine gesalzene und eine ungesalzene Speise zubereiten.*
· *Glaskrug mit abgestandenem Wasser füllen.*
· *Salz bereithalten.*

Vorschlag für Gruppen

»Was machst du aus der kostbaren Zeit?«

Einstimmung

Assoziationen

In der Mitte liegt ein Blatt mit der Aufschrift:
»Leben ist für mich ...«
Die Gruppe ergänzt den Satz.

Vertiefung

Manchmal merken wir, wie das Leben einfach an uns vorüberzieht. Manchmal merken wir sehr genau, dass wir etwas ändern müssen: unsere Ziele, unseren Tagesablauf, um Zeit zu erübrigen für das, was uns wichtig ist. Wir spüren: Ein Umdenken ist für uns wichtig.

Zeit zum Erzählen aus eigenen Erfahrungen

Wort der Katharina von Genua

»O armer Mensch, worin verlierst du dich?
Was machst du aus der kostbaren Zeit,
derer du noch so sehr bedarfst?«

Gespräch

- *Was verleitet uns dazu, uns so oft in Belanglosigkeiten zu verlieren?*
- *Warum verhelfen uns meistens erst außergewöhnliche Ereignisse zum Umdenken?*
- *Wie kann es uns gelingen, im Alltag für die »kostbare Zeit« offen zu bleiben?*

Abschluss

Segenswunsch

Ich lege an
Gottes Kraft als mein Steuer,
Gottes Macht als meine Stütze,
Gottes Weisheit als meinen Weg,
Gottes Auge als mein Sehen,
Gottes Ohr als mein Hören,
Gottes Wort als meine Sprache,
Gottes Hand als meinen Schutz,
Gottes Weg als meine Zukunft.

(Irischer Segenswunsch)

Teresa von Avila

(1515 – 1582)

Es ist bekannt, dass Teresa von Avila, die spanische Mystikerin und Kirchenlehrerin, unsere Seele mit einer Burg vergleicht, in der es viele Wohnungen gibt. In ihrer Lebensbeschreibung wählt sie einen anderen, nicht weniger eingängigen Vergleich: Sie stellt die Seele als einen Garten dar, die wie dieser der Pflege bedarf. Das kostet besonders am Anfang Mühe und Anstrengung. Es kommt uns vor, als müssten wir von einer weit entfernten Zapfstelle Wasser holen, um die Pflanzen zu gießen. Das Beispiel mit dem Bewässern beinhaltend, weist Teresa auf, wie wir uns helfen können, um weniger Kräfte aufzuwenden.

Wir schlagen vor, die Bewässerungsarten auszuprobieren in »einem Gottesdienst unter freiem Himmel«. Auch wenn die Vorbereitung einiger Planung und Überlegungen bedarf, ist sie mithilfe einiger »Gartenkundiger« und vielleicht der Jugendgruppe überschaubar. Dafür prägen sich die Gedanken und Bilder Teresas eindrücklich ein und bestärken den eigenen spirituellen Weg.

Der Vorschlag zur Gruppenarbeit lässt sich hingegen organisatorisch sehr einfach vorbereiten. Er bezieht sich auf eines der zahlreichen Hilfsmittel, die Teresa von Avila für die Lebens- und Glaubensgestaltung vermittelt hat, auf die Rolle von Vorbildern.

»Ein blühender Garten, an dem Gott sich erfreut« – Ein Gottesdienst unter freiem Himmel
Teresa von Avila

Die Gemeinde versammelt sich um ein Stück Brachland, z.B. ein nicht bearbeitetes und bepflanztes Beet im Pfarrgarten.

Einstimmung

Wir stehen vor einem nicht bearbeiteten Stück Land. Es wirkt öde und trist. In unserer Phantasie können wir uns allerdings ausmalen, wie verändert hier alles voller Blumen und Kräuter wirken würde. Vielleicht kribbelt es einigen schon in den Händen, gleich loszupflanzen. Wer einen Garten besitzt, wird jedoch vor allzu großer Euphorie warnen: Mit dem Pflanzen ist es ja nicht getan. Die anschließende Pflege dürfte ganz schön anstrengend werden. Geduld, Ausdauer, Kraft sind vonnöten. Das vermochte die Spanierin Teresa von Avila von den Gegebenheiten ihrer Heimat her besonders gut zu beurteilen. Wahrscheinlich stand sie im Garten ihres Klosters, als sie darüber nachsann. Und dann drängte sich ihr ein Vergleich auf: Unsere Seele ähnelt so einem Brachland. Damit sie sich in einen blühenden Garten verwandelt, bedarf sie unserer Pflege.

Teresa von Avila

»Die Anfänge stelle ich mir so vor, als beginnen wir auf einem sehr unfruchtbaren Boden einen Garten anzulegen, an dem Gott seine Freude haben soll.«

Bearbeiten des Beetes

Wer mag, beteiligt sich an der Lockerung des Bodens und dem Einsetzen von bereitstehenden Pflanzen.

Lied

Mach in mir deinem Geiste Raum

(aus: »Geh aus, mein Herz«, EG 503,14)

Die erste Bewässerungsart

Wir müssen die Pflanzen regelmäßig begießen, damit sie anwachsen und nicht verwelken. Das kann mühsam sein, besonders, wenn wir das Wasser von weither holen müssen. Ebenso mühsam erscheint uns die Pflege unserer Seele. Teresa kennt eine Reihe von Gründen, die es so schwer machen und in uns den Wunsch erwecken, lieber aufzugeben.

Statements (in Anlehnung an Teresa von Avila)

Sprecher(in) 1: *Es fällt mir schwer, mich auf ein Gebet oder eine Meditation zu konzentrieren.*

Sprecher(in) 2: *Zeiten der Stille ermüden mich nur.*

Sprecher(in) 3: *Ich sehe ein, dass unsere Seele Zeiten der Einsamkeit braucht. Doch ich bin nicht daran gewöhnt. Ich fürchte sie geradezu.*

Sprecher(in) 4: *Ich kann mir einfach nicht vorstellen, dass meine Seele einem blühenden Garten gleichen könnte. Ich fühle mich nur ausgebrannt und ausgedörrt. Ich sehe keine Fortschritte.*

Sprecher(in) 5: *Ich bin einfach zu kaputt, um mich noch um meine Seele zu kümmern.*

Sprecher(in) 6: *Ich finde einfach niemanden für tiefere Gespräche. Alles bleibt immer oberflächlich und banal.*

Gespräch in Kleingruppen

Erkennen wir uns in dem Gesagten wieder? Macht uns noch anderes es schwer, uns auf unsere Seele zu konzentrieren?

Verdeutlichung

Unsere Seele zu pflegen, so meint Teresa von Avila, fällt uns

manchmal so schwer, wie Wasser für den Garten von einer weit entfernten Wasserstelle heranzuschaffen.
Mitglieder der Vorbereitungs- oder Jugendgruppe schleppen Wassereimer heran. Wer möchte, beteiligt sich.

Lied

Meine engen Grenzen
(Mein Liederbuch 2, B 153)

Die zweite Bewässerungsart

Wer sich mit dem Wasserholen abplagt, ist wohl manchmal kurz davor, alles hinzuwerfen und den Garten Garten sein zu lassen. Es sei denn, es stellt sich eine Idee ein, wie sich die Arbeit erleichtern ließe.
Auch der Umgang mit unserer Seele kann so frustrierend ausfallen, dass wir am liebsten ausweichen möchten in ein veräußerlichtes, aber bequemeres Leben. Oder wir sinnen auf Hilfen.

Statements (in Anlehnung an Teresa von Avila)

Sprecher(in) 1: Ich habe mir angewöhnt, nicht gleich auf den blühenden Seelengarten zu hoffen. Ich beachte und würdige kleine Fortschritte: wenn es mir beispielsweise gelingt, eine Einladung auszuschlagen, wo es nur um small talk geht.
Sprecher(in) 2: Mir hat der Vorschlag der Teresa von Avila geholfen, sich Jesus als gegenwärtig vorzustellen. Das gibt mir Orientierung.
Sprecher(in) 3: Ich habe mir eine Gruppe gesucht, in der wir uns über Glaubensfragen austauschen. Ich werde gefordert, aber nicht überfordert.
Sprecher(in) 4: Ich gebe nicht immer und jedes Mal meinem Ruhebedürfnis nach.
Sprecher(in) 5: Ich habe festgestellt, dass ich um andere viel besorgter war als um meine eigene Seele. Ich

sage mir jetzt: Ich muss auch lernen, mich auf mich selbst zu konzentrieren.

Gespräch in Kleingruppen

· *Erscheint uns eine dieser Hilfen für uns selbst sinnvoll zu sein?*
· *Haben wir noch andere Hilfen?*

Verdeutlichung

Eine Möglichkeit, die Bewässerung des Gartens zu erleichtern, besteht darin, sich gegenseitig zu unterstützen. Diese Erleichterung spüren wir auch, wenn wir eine Hilfe für die Pflege unserer Seele entdeckt haben.

Mitglieder der Vorbereitungs- oder Jugendgruppe bilden eine Menschenkette und reichen sich die Bewässerungseimer von der Wasserstelle bis zum Beet weiter. Wer mag, reiht sich ein.

Lied

Lass uns in deinem Namen

(EG 577, Ausgabe Nordelbien)

Die dritte Bewässerungsart

Teresa sinnt nach einem noch konzentrierteren Vorgehen für den Garten.

Teresa:

»Sprechen wir jetzt von der dritten Art, den Garten zu bewässern, die darin besteht, dass man das Wasser aus einem Flusse oder aus einer Quelle hineinleitet. Diese Art ist weit weniger mühsam als die vorhergehenden, wenn auch das Leiten des Wassers in den Garten immerhin einige Arbeit macht.«

Mit fortschreitender Zeit gelingt es uns müheloser, uns nicht von der Besinnung auf unsere Seele ablenken zu lassen und uns auf Gebet, Meditation, Stille, Lesen zu konzentrieren.

Konzentrationsübung

Wir wollen dem Geheimnis dieser Konzentration mit einem darin erfahrenen Menschen auf die Spur kommen:

Ein in der Meditation erfahrener Mann wurde einmal gefragt, warum er trotz seiner vielen Beschäftigungen immer so gesammelt sein könne. Dieser sagte:

Wenn ich stehe, dann stehe ich,
wenn ich gehe, dann gehe ich,
wenn ich sitze, dann sitze ich,
wenn ich esse, dann esse ich,
wenn ich spreche, dann spreche ich.

Es fielen ihm Fragesteller ins Wort und sagten: Das tun wir auch, aber was machst du noch darüber hinaus?

Er sagte wiederum:
Wenn ich stehe, dann stehe ich,
wenn ich gehe, dann gehe ich,
wenn ich sitze, dann sitze ich,
wenn ich esse, dann esse ich,
wenn ich spreche, dann spreche ich.

Wieder sagten die Leute: Das tun wir doch auch.

Er aber sagte zu ihnen: Nein,
wenn ihr sitzt, dann steht ihr schon,
wenn ihr steht, dann lauft ihr schon,
wenn ihr lauft, dann seid ihr schon am Ziel …

Der Text wird langsam vorgelesen.
Anschließend werden die Konzentrationsübungen durchgeführt: Bewusstes Stehen, Gehen, Sitzen, Essen (kräftiges Brot wird herumgereicht), Sprechen (gemeinsames Lesen des Textes).

Verdeutlichung

Konzentration, Kontakt zu unserer Seele zu gewinnen, fällt uns zunehmend leichter. Es ist so, als würden wir einen Garten bewässern können, ohne die Mühsal des Wassertragens.
(Wasser wird mit Hilfe eines Gartenschlauchs direkt von der Zapfstelle zum Beet hingeleitet. Es wird bewässert.)

Lied

Lass mich dein sein und bleiben
(EG 157)

Die vierte Bewässerungsart

Die Gemeinde geht zu einem reich blühenden Beet im Garten.
Noch können wir uns nicht recht vorstellen, dass unser eben bearbeitetes Beet sich in eine solche Blütenpracht verwandeln wird. Und tatsächlich dürften unsere eigenen Anstrengungen nicht hinreichen. Es bedarf vielmehr immer wieder eines Regens, der ohne unser Zutun die Pflanzen aufblühen und sich entfalten lässt.
Auch unsere Seele vermögen wir uns vielleicht noch nicht wie einen blühenden Garten vorzustellen. Wir ahnen: Unsere Anstrengung, unsere Konzentration allein wird es nicht erreichen. Doch dieser Garten liegt wie ein Versprechen vor uns.

Teresa von Avila

»Bisher tat der Gärtner beim Bewässern etwas zur Sache, wiewohl bei der letzten Bewässerung die Arbeit mit solch einer inneren Seligkeit und so großem Troste der Seele verbunden war, dass der Gärtner niemals davon ablassen möchte; man fühlt also die Arbeit nicht als Beschwerde, sondern als Beseligung. Hier aber merkt man gar nichts von einer Arbeit. Ich spreche also jetzt von diesem Wasser, das vom Himmel kommt, damit es mit seinen Fluten den Garten ganz überschwemme und durchdringe. Wollte Gott dieses Wasser jedes Mal, sooft man dessen bedarf, geben, so könnte der Gärtner offenbar in

voller Ruhe leben. Und wer sieht nicht ein, welche Freude es für den Gärtner wäre, wenn niemals Winter, sondern allzeit milde Witterung sein würde, und es folglich an Blumen und Früchten nie mangelte? Aber das ist, solange wir hienieden leben, nicht möglich; wir müssen immer, wenn es an dem einen Wasser fehlt, das andere herbeizuschaffen trachten. Das vom Himmel kommende Wasser fällt oftmals hernieder, wenn der Gärtner sich dessen am wenigsten versieht. Ein einziger Augenblick reicht da hin, um der Seele alle Mühen, die sie auf Erden erdulden kann, zu vergelten.«

Zeit der Stille

Leise, meditative Flötenmusik. Gelegenheit, den Garten zu betrachten.

Segen und Sendung

Geh in ein Land, das ich dir zeigen will.
Ich will dein Leben aufblühen lassen,
und du wirst Frucht bringen.
Ich will dich segnen,
und du sollst ein Segen sein.

Lied

Nada te turbe (s. folgende Seite)

Praktische Hinweise

- *Ein Stück Brachland im Kirchenumkreis o. Ä. vorbereiten. – Stühle aufstellen.*
- *Einen weiteren Gartenabschnitt mit blühenden Pflanzen aussuchen, eventuell bepflanzen. – Ebenfalls Stühle aufstellen.*
- *Gartengeräte, Gießkannen, Eimer beim Brachland bereitstellen, für einen Gartenschlauch und einen Anschluss sorgen.*
- *Pflanzen am Brachland lagern.*
- *Texte für die Konzentrationsübung kopieren.*
- *Flötenmusik vorbereiten.*

Lied »Nada te turbe«

Text nach Teresa von Avila
Deutsche Übersetzung: Nichts beunruhige dich, nichts ängstige dich: wer Gott hat, dem fehlt nichts. Gott allein genügt.
Musik: Jacques Berthier (1923 – 1994) © Ateliers et Presses de Taizé, 71250 Taizé-Communauté, Frankreich

Vorschlag für Gruppen

»Ein Mensch, der die Welt schon kennt« – Nachdenken über Vorbilder

Einstimmung

Wir kennen wohl alle Phasen in unserem Leben, in denen wir ratlos sind, hin- und hergerissen. Entschlüsse fallen uns schwer, Entscheidungen bereiten Kopfzerbrechen. Wir wissen nicht, wie wir uns orientieren sollen und welche Perspektiven wir entwickeln können.

Worte Teresa von Avilas

»(...) Man sollte sich jemanden verschaffen, der sich von nichts Irdischem mehr blenden und täuschen lässt. Denn der Umgang mit einem Menschen, der die Welt schon kennt, trägt viel dazu bei, dass wir uns selber erkennen. Und wenn wir sehen, dass manche Dinge, die uns unmöglich erscheinen, anderen sehr wohl möglich sind; wenn wir gewahren, wie leicht und gelassen diese es vollbringen, so ermuntert das uns sehr, selber zu fliegen, genau wie Vogelkinder, die das Fliegen lernen.«

Erläuterung – Teresa spricht von Vorbildern

Für sie ist ein Vorbild »jemand, der sich von nichts Irdischem mehr blenden lässt«. Den Geld und Besitz, Macht und Ansehen kalt lassen. Der seine irdischen Ziele nicht mit allen Mitteln verfolgt, sondern sich Ziele setzt, die anderen zugute kommen.
Und ein Vorbild ist »jemand, der die Welt schon kennt«. Der Erfahrungen gesammelt hat, die uns fehlen. Von dessen Lebensklugheit wir lernen und dessen klarer Blick uns helfen kann, ein Stück weit uns selbst zu erkennen.
Das dritte Merkmal beschreibt Teresa so: »Wir sehen, dass manche Dinge, die uns unmöglich erscheinen, anderen sehr wohl möglich sind; wir gewahren, wie leicht und gelassen diese es vollbringen.« Wir suchen nach Auswegen, die Aufgabe ganz

zu vermeiden, nach Umwegen um den Berg vor uns herum. Und andere? Für sie erscheint der Aufstieg ein Kinderspiel zu sein. Sie wissen sofort, wie das Problem zu lösen ist, für sie ist es gar keines. Machen wir uns zu viele Gedanken? Haben wir unnötig Angst?

Partnerinnenarbeit

Zwei Frauen tauschen sich aus:

- *Wer ist mein Vorbild und warum?*
- *Helfen mir Vorbilder?*
- *Behindern sie mich auch?*

Zeit der Stille

Jede Frau nimmt ein Teelicht, entzündet es und stellt es vor sich hin. Sie besinnt sich auf einen Menschen, der Vorbild war oder ist, und darauf, was ihr dadurch vermittelt wurde.

Den Raum mit Worten füllen

Die Teilnehmerinnen nennen, was durch ihre Vorbilder vermittelt wurde.

Vorstellen und erzählen

Die Teelichter werden nacheinander in die Mitte gestellt. Die Teilnehmerinnen erzählen dabei etwas von ihrem Vorbild.

Abschluss

Den Teresa-Text noch einmal vollständig oder in einem Auszug lesen.

Praktische Hinweise

- *Den Text für die Gruppenteilnehmerinnen kopieren.*
- *Teelichter bereitstellen.*

Einführung

Wir gedenken in diesem Vorschlag der Frauen des Mittelalters. Ihre Worte stellen dabei die Verbindung zur heutigen Zeit her. Jede Mystikerin erhält einen eigenen Platz: z.B. an einer Säule in der Kirche oder an verschiedenen »Stationen« im Gemeindehaus. Die Gruppe begeht die »Stationen«. Sie findet ein Bild der jeweiligen Mystikerin vor mit ihrem Namen. Auch ein vergrößerter Ausspruch oder ein Werk von ihr passen dazu. Gibt es keine Abbildungen, ersetzen sie Bilder ihres Wirkungskreises (z. B. Mechthild: der Dom zu Magdeburg) und bei den verfolgten, hingerichteten Frauen ein Kreuz.

An jeder Station erfolgt eine kurze Vorstellung, die Lesung eines Wortes. Ein Symbol wird hingelegt und ein Musikstück gehört oder gesungen.

Gut geeignet für die Feier dieses Gottesdienstes ist der Herbst, wenn am 1. November »Allerheiligen« gefeiert wird.

Zu ihrem Gedächtnis

Hildegard von Bingen (1098 – 1179)

Wir erinnern Hildegard von Bingen. Die Äbtissin vom Rupertsberg über dem Rhein achtet die Schöpfung und geißelt ihren Missbrauch. Sie besingt sie in Liedern und öffnet das Verständnis für die Weisheit, die in ihr verborgen liegt.

»Und das Feuer hat die Flamme
und ist Lob für Gott,
und der Wind bewegt die Flamme
und ist Lob für Gott,
und in der Stimme ist das Wort
und sie ist Lob für Gott,
und das Wort wird gehört
und ist Lob für Gott:
Daher ist die ganze Schöpfung Lobpreis Gottes.«
(Hildegard von Bingen)

Symbol: Kräuterstrauß

Musik: Hören einer Hildegard-Komposition

Mechthild von Magdeburg (um 1209 – 1282/97)

Mechthild von Magdeburg schreibt ihr Lebenswerk »Das fließende Licht der Gottheit« voller Poesie und Klang. Sie ist Dichterin und Theologin, mutige Einzelkämpferin und Lehrerin jüngerer Frauen. Ihr Gottesbild lässt patriarchale Engführungen hinter sich:

»Und wie die Gottheit klingt
und die Menschheit singt
und der Heilige Geist die Harfen

des Himmels spielt,
dass alle Saiten erklingen.«
(Mechthild von Magdeburg)

Symbol: Musikinstrument

Musik: Hören einer Aufnahme aus dem Magdeburger Dom

Clara von Assisi (1193/94 – 1253)

Ungefähr zeitgleich mit Mechthild von Magdeburg lebt in Italien Clara von Assisi. Sie ist immer wieder in den Schatten des berühmten Franz von Assisi gestellt worden. Sie war aber eine sehr starke und eigenständige Frau. Bei allem Ernst ist ihre Mystik auch von Fröhlichkeit geprägt. So versetzt sie sich in die Kindheit Jesu hinein und gewinnt diese Freude auch aus der Schöpfung. Armut, freiwilliger Verzicht bedeutet für sie Fröhlichkeit und Freiheit von belastenden Bindungen.

»O selige Armut!
Denen, die dich lieben und umfangen,
schenkst du ewigen Reichtum!«
(Clara von Assisi)

Symbol: ein Stück Sackleinen mit einigen bunten Blumen

Lied: Laudato si (EG 515, Ausgabe Nordelbien)

Birgitta von Schweden (1302/03 – 1373)

Im 14. Jahrhundert zieht Birgitta als schon ältere Frau nach Rom. Gestärkt durch ihre Mystik, fordert sie den Papst auf, sein bequemes Leben in Frankreich aufzugeben und nach Rom zurückzukehren. Sie kritisiert nachdrücklich, dass er seine Aufgabe als Friedensvermittler zwischen kriegsführenden Ländern nicht wahrnimmt.

»Wer sich an das Böse gewöhnt,
dem scheint das Böse gut zu sein.«
(Birgitta von Schweden)

Symbol: Friedenssymbol, z.B. Taube, Papierkranich, Sticker

Lied: Da pacem, domine (EG 625, Ausgabe Nordelbien)

Catarina von Siena (1347 – 1380)

Wenig später erhebt die Italienerin Catarina von Siena ähnliche Forderungen gegen den Papst. Sie hat sogar kurze Zeit Erfolg: Der Papst zieht nach Rom. Nach seinem Tod aber setzen sich die Enttäuschungen fort. Catarina stirbt früh, aufgezehrt durch Rückschläge und durch eine ungemein engagierte Mystik.

»O unauslotbare Liebe, ewiges Feuer!
Du bist das Feuer, das immer lodert,
erhabene, ewige Dreifaltigkeit.
Du bist gerade, ohne Winkelzüge.
Du bist lauter, ohne Doppelzüngigkeit,
und großmütig, ohne jede Verstellung.
Richte das Auge deines Erbarmens auf deine Geschöpfe!
Ich weiß, dir ist Barmherzigkeit eigen.«
(Catarina von Siena)

Symbol: Kerze anzünden

Lied: Feuer, das erhellt
(z.B. in Liederbuch der Hoffnung, av Edition, München)

Julian of Norwich (um 1343 – 1416/20)

In Norwich lebte die Mystikerin Julian. Sie fragte: »Sollte ich deshalb, weil ich eine Frau bin, euch nicht von der Gnade Gottes sprechen?« Wir spüren hinter diesem Ausspruch die Selbstzweifel und das Echo der Stimmen, die Frauen mystische Erfahrungen und theologische Gedanken nicht zutrauen.
Julians Leben war von einer einzigen tiefen mystischen Erfahrung geprägt, über die sie ein Leben lang nachdachte und schrieb. Während einer schweren Krankheit wird Jesus für sie am Kreuz lebendig. Sie erlebte Passion und Auferstehung lebendig mit. Bekannt wird sie durch ihren Ausspruch:

»Ebenso wahrhaftig, wie Gott unser Vater ist, so wahrhaftig ist Gott auch unsere Mutter.«

(Julian von Norwich)

Symbol: Kunstpostkarte mit Kreuzesabbildung z. B. von Jawlensky, wo die Gestalt am Kreuz nicht eindeutig als Mann oder Frau erkennbar ist.

Lied: Komm, Mutter Geist

(z.B. in: Zugänge zum Kirchenjahr: Advent bis Pfingsten, Frankfurt am Main 1996, Beratungsstelle für Gestaltung von Gottesdiensten und anderen Gemeindeveranstaltungen, S. 20)

Marguerite Porète (hingerichtet 1310)

Marguerite Porète steht beispielhaft für die Frauen, die ihre mystische Prägung mit dem Leben bezahlten. Sie schrieb das Buch »Spiegel einfacher zunichte gewordener Seelen«. Sie verbreitete es weiter trotz kirchlicher Verbote. Sie wurde hingerichtet.

»Wer Gott hat, hat alles«.

(Marguerite Porète)

Symbol: schwarzes Tuch als Zeichen der Trauer

Lied: Gott, mein Gott, warum gibst du keine Antwort
(EG 381,2)

Teresa von Avila (1515 - 1582)

Auf eine atemberaubende Reise durch die eigene Seele nimmt die spanische Mystikerin Teresa von Avila uns auch noch heute mit. In ihrem Hauptwerk »Die innere Burg« eröffnet sie ungeahnte Räume für das Verständnis unseres Selbst in der Gottesbeziehung. Wenn wir den oft mühsamen Weg mitgehen, entdecken wir vielleicht in der Tiefe unserer Seele etwas Göttliches wie eine klare Quelle, eine kostbare Perle, einen Kristall.

»Ich möchte unsere Seele als eine Burg betrachten, die ganz aus einem Diamant oder einem sehr klaren Kristall besteht und in der es viele Gemächer gibt.«
(Teresa von Avila)

Symbol: kleiner Kristall

Lied: Nada te turbe
(Text nach einem Gebet Teresas. Melodie: Taizé – s. Gottesdienst zu Teresa von Avila)

Praktische Hinweise

· *Symbole bereithalten:*
· *Kräuterstrauß*
· *ein Stück Sackleinen*
· *Friedenssymbole (Taube, Papierkranich, Sticker der Friedensbew.)*
· *Kerze*
· *Kunstpostkarte mit Kreuzesdarstellung*
· *schwarzes Tuch*
· *kleiner Kristall*
· *Liedzettel vorbereiten.*
· *Kompositionen besorgen.*

Vorschlag für Gruppen

Tischgespräch

Für Gruppen bietet sich die Konzentration auf wenige Mystikerinnen an. Das »Tischgespräch« mit ihnen spricht verschiedene Themenkreise und Probleme an und lädt zum Gespräch ein.

Folgende Personen sind beteiligt:
- *Interviewerin*
- *Hildegard von Bingen*
- *Mechthild von Magdeburg*
- *Schwester Katrei*

Interviewerin:
Zu unserer großen Freude haben wir heute Abend drei Mystikerinnen bei uns zu Gast.
Als Erste begrüße ich die Äbtissin Hildegard von Bingen. Sie steht am Anfang der großen mystischen Frauenbewegung des Mittelalters.

(Hildegard nimmt Platz.)

Interviewerin:
Eine bedeutende Mystikerin wirkte in Magdeburg: Wir dürfen Mechthild von Magdeburg bei uns willkommen heißen.

(Mechthild nimmt Platz.)

Interviewerin:
1322 taucht in Straßburg Katrei auf. Wir sind gespannt, aus ihrem abenteuerlichen Leben etwas zu hören.

(Katrei nimmt Platz.)

Interviewerin:
Wir Frauen von heute möchten uns nun mit Ihnen verbinden, indem wir Musik aus dem Mittelalter hören: eine Komposition von Ihnen, Frau Äbtissin.

(Musik)

Interviewerin:
Wir Frauen von heute freuen uns, dass wir Sie drei Frauen aus dem Mittelalter bei uns begrüßen dürfen.
Frau Äbtissin, darf ich Sie fragen, wie Frauen zu Ihrer Zeit ihr geistliches Leben gestalteten?

Hildegard:
Für unsere Frauengemeinschaft hatten wir im Kloster Raum. Ich habe selbst zwei Klöster gegründet. Natürlich brauchten wir Männer. Besonders die Priester. Aber die waren ja nicht immer da ...

Interviewerin:
Sie gründeten Klöster. Ging das so einfach?

Hildegard:
Was heißt so einfach? Wir Frauen lebten zunächst in einer Gemeinschaft, die einem Männerkloster unterstand. Was glaubt ihr, was das für Kämpfe gekostet hat, bis wir wegziehen konnten!

Mechthild:
Wir müssen aber den Mut zu solchen Schritten haben. Ich selbst trennte mich von meinem Zuhause. Ich wohnte auf einer Burg in der Nähe von Magdeburg. Ich war den Menschen dort sehr lieb. Aber sie verstanden nicht, dass ich allein sein musste. Allein mit Gott.

Hildegard:
Um auf unsere Schwierigkeiten zurückzukommen: Die

Mönche weigerten sich, uns Geld zu geben, das wir für unsere Klostergründungen dringend brauchten. Dabei stand uns das Geld zu.

Katrei:
Dass ihr euch mit Geld abgegeben habt …

Hildegard:
Nun – immerhin mussten wir aus Ruinen, die wir auf dem Rupertsberg bei Bingen vorfanden, ein Kloster aufbauen. Zum Glück unterstützen uns unsere Familien und Förderkreise.

Interviewerin:
Mechthild, lebten Sie auch in einem Kloster?

Mechthild:
Nein. Ein Leben in einer Gemeinschaft hätte ich nicht ertragen. Ich musste allein sein. Allein mit Gott. Manche Menschen sahen mich deshalb seltsam an. Das störte mich nicht. Ich arbeitete an einem Buch.

Katrei:
Allein leben – das ist zu wenig. Wir müssen arm werden, ganz arm.

Interviewerin:
Wir haben gehört, dass es gefährlich war, damals als Mystikerin zu gelten. Stimmt das, Mechthild?

Mechthild:
Nun ja, ich wurde bedroht. Ich ertrug es nämlich nicht, wenn jemand Gott beleidigte. Ich fand es eine Beleidigung für Gott, wenn die Kirchenoberen ein verschwenderisches und verfressenes Leben führten. Dann nannte ich sie schon mal »stinkende Böcke«. Das ertrugen sie nun wieder nicht. Sie schlossen mich von den Sakramenten aus. Sie drohten, sie wollten mein Buch verbrennen.

Hildegard:
Bei Ihrer Lebensform wundert mich das nicht. Meine Schriften wurden zwar überprüft. Aber das Kloster bot doch einen Schutz.

Interviewerin:
Katrei, dann waren Sie doch sicher sehr gefährdet?

Katrei
Ja. Und ich wurde gewarnt. Mein Beichtvater tat es. Es war der berühmte Meister Eckhart. Er war sehr aufgeschlossen. Aber ein Leben als Landstreicherin? Nein! Das wollte er mir mit allen Mitteln ausreden. Ich zog dann doch los. Da gaben ihm manche die Schuld daran. Es wurde gefährlich für ihn. Sein Orden rettete ihn. Er war ja Dominikaner. Ganz schnell kam er fort – nach Köln. Mich rettete niemand. Ich wurde von den Sakramenten ausgeschlossen.

Interviewerin:
Was bedeutet das für Sie?

Hildegard:
Dazu muss ich kurz etwas erzählen: Auch mein Kloster durfte einige Zeit nicht die Messe feiern, nicht die Sakramente empfangen.
Ich hatte mich in einer Frage der vorgesetzten Behörde widersetzt. Da wagten die Kirchenmänner, so gegen mich vorzugehen, gegen mich, die Äbtissin vom Rupertsberg und von Eibingen. Ja, es war so für uns, als hätte man uns den Lebensstrom abgeschnitten.

Katrei:
Da seht ihr es. Das Kloster bietet eben doch auch keinen Schutz. Mein Beichtvater wurde nämlich später doch noch verurteilt.

Interviewerin:
Wurden Sie von den Sakramenten ausgeschlossen, weil Sie sich wie eine Landstreicherin verhielten?

Katrei:
Der Hauptgrund war: Die Kirchenleute spürten, dass ich sie nicht mehr brauchte. Sie hatten keine Macht mehr über meine Seele. Gott und die Seele – wer will sich dazwischenstellen?

Mechthild:
Ich glaube, deswegen misstrauen sie mir auch.

Interviewerin:
Frau Äbtissin, Ihr Leben war gar nicht so sesshaft, wie wir es von einer Nonne erwarten. Können Sie dazu noch etwas sagen?

Hildegard:
Als alte Frau unternahm ich Reisen und predigte.

Interviewerin:
Sie predigten?

Hildegard:
Ich galt als Sprachrohr Gottes.

Interviewerin:
Da geschah Ihnen nichts?

Hildegard:
In der Angelegenheit nicht. Durch mich sprach ja die Autorität Gottes.

Interviewerin:
Mechthild, Ihr Buch war ja bedroht. Lag das daran, dass Sie es als Frau wagten, ein solches Werk zu verfassen?

Mechthild:
Das mag sein. Die Anfeindungen lassen darauf schließen.

Als ich jung war, machte mir das nicht so viel aus. Als ich alt wurde, sah es schon anders aus. Da beschloss ich, doch noch in ein Kloster einzutreten. In das Kloster zu Helfta.

Interviewerin:
Das war sicher ein schwerer Schritt für Sie.

Mechthild:
Und wie schwer! Aber es geschah etwas Erstaunliches: Die jungen Nonnen halfen mir, mein Buch fertig zu schreiben. Und sie wollten unbedingt von mir lernen.

Interviewerin:
Katrei, die Frau Äbtissin schrieb Bücher. Mechthild schrieb »Das fließende Licht der Gottheit«. Wie schade, dass wir von Ihnen nichts haben.

Katrei:
Da irrt Ihr aber. Ich habe nämlich meine Gespräche mit meinem Beichtvater aufgeschrieben. Er hat das alles mitgenommen. Nach seinem Tod fanden sie auch meine Schrift in seinem Nachlass. Sie denken, sie ist von ihm. Und nun rätseln sie, wie er so etwas Radikales schreiben konnte ...

Interviewerin:
Das ist eine gute Nachricht.
Wir danken Ihnen für Ihre Offenheit und für das Gespräch. Mit Musik möchten wir Sie verabschieden. Wir hören einige Klänge aus dem Dom zu Magdeburg.

Musik

Anhang

Bestelladressen für in den Entwürfen genannte Materialien:

Benedektinerinnenabtei St. Hildegard
Kunst- und Buchhandlung
Klosterweg 1
65385 Rüdesheim am Rhein
www.abtei-st-hildegard.de (Online-Klosterladen)

Evangelisches Dompfarramt
Am Dom 1
39104 Magdeburg

Literaturempfehlungen:

Peter Dinzelbacher, Wörterbuch der Mystik, Stuttgart 1989

»Erhebe dich, meine Seele«. Mystische Texte des Mittelalters, Stuttgart 1988

Gudrun Gleba, Klosterleben im Mittelalter, Darmstadt 2004

Eva Schirmer, Mystik und Minne. Frauen im Mittelalter, Berlin 1984

Roselies Taube u.a., Grenzenlos leben? Ökumenische Frauengottesdienste, Würzburg 1995

Quellenhinweise:

Gebet S. 94f.: Miriam Therese Winter, Woman Prayer – Woman Song, S. 47; aus: Gebete aus der Ökumene 4, EMW Hamburg, Missionshilfe Verlag 1999, S. 144

Gebet S. 119: aus: The New Ecumenical Prayer Cycle, Orders of Service, S. 35f.; aus: Gebete aus der Ökumene 4, EMW Hamburg, Missionshilfe Verlag 1999, S. 145

Gebet S. 132: aus: Assembly Worship Book, Harare 1998, Nr. 49, S. 33

Gebet S. 140f.: Peggy M. de Cuehlo, in: Bread of tomorrow, 1992, S. 84